大東文化大学国際比較政治研究所叢書　第12巻

〈永続する政治体〉と革命

アーレント政治理論における持続と断絶

寺井彩菜［著］

吉田書店

〈永続する政治体〉と革命——アーレント政治理論における持続と断絶

目次

〔凡　例〕

●引用箇所について、各邦訳を参照しているため、参照頁を共に示す。ただし、本文中の用語の統一や文体の調和などを優先し、訳語・訳文を適宜変更しながら用いている。

●〔　〕は引用者による補足部分である。

●参照回数の多いハンナ・アーレントの著作を引用する際には以下の略号で示す。

EUTH: *Elemente und Ursprünge totaler Herrschaft: Antisemitismus, Imperialismus, totale Herrschaft*, München: Piper, 1986 [1955].

・本文中には二巻と三巻にあたる部分を用いているが順にEUTH2、EUTH3と記す。

・訳文は、『全体主義の起原』新装版1－3、大久保和郎・大島かおり・大島通義訳、みすず書房、一九八一年（底本は *Elemente und Ursprünge totaler Herrschaft*, Frankfurt am Main: Europäische Verlagsanstalt, 1962）を参照している。たとえば［EUTH3: 957=280］は引用部分がp. 957の該当箇所に対応しており、また、邦訳三巻の二八〇頁を参照していることを示している。

OT: *The Origins of Totalitarianism*, new edition with added prefaces, New York: Harcourt Inc., 1979 [1951].

・ドイツ語版と異なるバージョンの「イデオロギーとテロル」章を参照した。訳文は前掲の『全体主義の起原』三巻所収の「エピローグ」に該当する。

HC: *The Human Condition*, second edition, Chicago: University of Chicago Press, 1998［1958］.

・訳文の参照は『人間の条件』志水速雄訳、ちくま学芸文庫、一九九四年。

OR: *On Revolution*, London: Penguin Books, 1977［1963・1965］（本稿の頁数は二〇〇六年 Penguin Classics 版による）.

・訳文の参照は『革命について』志水速雄訳、ちくま学芸文庫、一九九五年。

BPF: *Between Past and Future: Six Exercises in Political Thought*, London: Penguin Books, 1977［1961・1968］（本稿の頁数は二〇〇六年 Penguin Classics 版による）.

・訳文の参照は『過去と未来の間―政治思想への８試論』引田隆也・齋藤純一訳、みすず書房、一九九四年。

LM: *The Life of the Mind*, one-volume edition (one: thinking; two: willing), New York: Harcourt Inc., 1978.

・訳文の参照は『精神の生活』（上：思考・下：意志）佐藤和夫訳、岩波書店、一九九四年。一巻（上巻）と二巻（下巻）についてそれぞれ LM1、LM2 と示す。

はじめに　アーレント研究における革命論に対する関心

「革命」が政治的関心の中心を占めることが少なくなって久しい。ハンナ・アーレントがそれを描いたのも二〇世紀を象徴する出来事——戦争と革命——の片方として、であった。二一世紀も四半世紀が過ぎ、技術の進化によって個人・団体によらず政治的・社会的発信をおこなうことはたやすくなり、デモなどの社会運動はむしろ活発化しているかもしれないが、革命が中心的な話題となることはやはり少ない。

アーレント政治理論における革命論も一九五〇・六〇年代の具体的政治事件、あるいは当時の体制を作ったものとしての革命が「リアルに」感じられてこそ書かれたものと言えるだろう。

アーレント革命論とはまず、一九六三年にアメリカで出版された『革命について（On Revolution）』を中心として論じられるべきものである。この著作で彼女はアメリカ革命とフランス革命を観察することをとおして、近代の特徴である革命という「出来事」がどのような試みであるか描き出している。

近年、牧野雅彦や仲正昌樹によってこの著作についての講義録が相次いで出版されるなど、革命論に対する関心は高まっている。(1) また、森一郎によっては『革命について』ドイツ語版『革命論

（Über die Revolution）』の翻訳出版がなされ、その読解としての『アーレントと革命の哲学』も刊行された。[2]

しかし、アーレント研究史を振り返ってみるとき、『革命について』が彼女の論稿の中でひときわ注目を集めてきた著作かといえば、そうであるとは言えないようだ。

アーレントの革命論に注目しようとするとき最初に気づくのは、それがアメリカ革命論として歴史学的に高い評価を得ているものではないということである。[3]

アーレントの革命論がアメリカ革命史研究に対して影響を与えることはほとんどなかった。[4] アーレントのアメリカ革命解釈の史学的妥当性については、批判されてきたというよりもそれはは[sic]なからアメリカ革命史として取り扱われてこなかったと言う方が正しいだろう。

『全体主義の起源』が示したナチズム・スターリニズムの見方にはたとえ後からは冷戦期特有のとらえ方に過ぎないと評価が付されるとしても、少なくとも出版当時にはインパクトを与えた。それと比べて、彼女の革命論は刊行当初からその歴史学的意義を疑われるものだった。[5]

たしかに、アーレントの革命論はアメリカ革命論として評価され定説となるようなものではなかった。しかし、アーレント研究においては、革命論がその政治理論の特徴を反映させたものであるかぎりにおいて、少なくとも無視されるということはない。

革命論はどのように位置づけられてきただろうか。

まず、冷戦期という時代性を背景に新たな革命観を提示しようとしたということであれば一定の評価を得るものだった。千葉眞はアーレント研究の立場から革命論の評価をおこない、彼女による革命解釈はフランス革命を利用する形で作り上げられた「マルクス主義的革命パラダイム」を刷新し、それに対し「不当におとしめられていた政治革命としてのアメリカ革命の意義を、復権する役割を果たした」ものとして、彼女の「極論ごと」評価している(6)。千葉によれば、このアーレント的革命パラダイムは一九五六年のハンガリー動乱〔革命〕、一九八一年以降のポーランドの連帯運動、一九八六年二月のフィリピン革命、一九八九年の東欧諸国の連鎖型市民革命などの「来たるべき革命の型」を予見するものとして評価できるとされる(7)。

しかし、『革命について』は十分に位置づけられてきたのかというと、そうであるとは言いがたい。中心的な議論はあくまでも『人間の条件』にあるとされるからである。

そのことはカノヴァンによるアーレントの「再解釈」の試みからも理解することができる。著名なアーレント研究者でありポピュリズムの研究者として知られるマーガレット・カノヴァンは一九七四年に『ハンナ・アーレントの政治思想（The Political Thought of Hannah Arendt）』という著作を出した約二〇年後、一九九二年に『アーレント政治思想の再解釈（Hannah Arendt: a Reinterpretation of her Political Thought）』という著作を刊行している(8)。

この「再解釈」はなぜ行われたのか。彼女の問題提起は、アーレント政治理論に対する注目が全体主義批判と「参加」型民主主義的要素に集中していること、しかし初期の著作からの流れや公開されつつあるさまざまな論稿を無視する理由にはならないということを問題にするものだった(9)。

当時主流のアーレントの読まれ方としては、第一に『全体主義の起源』に依拠した冷戦期特有のナチズム・スターリニズム分析として読むものがあり、第二に「参加」型民主主義の古典主義的擁護として『人間の条件』や『革命について』(とくに『人間の条件』における古代型デモクラシーの賛美と『革命について』の評議会の賞賛)を重視するものに二分されていた。[10]

カノヴァンは『革命について』を再検討する際に、「『革命について』に特徴的なテーマは、振り返ってみれば、アーレントの政治的著作全体に響いている」と語る。[11] それは「自然の容赦ない力と人間が自分たちの自由を行使するときに引き起こしがちな混乱状態との間に立つ人間の前に開かれた狭い小道」というアーレント的なモチーフであり、あるいは、それが革命という主題のもとでは「『革命』という言葉自体によって思い起こされる終わりのない循環的繰り返しとフランス革命が解き放した制御不可能な力との間にある自由が現われた束の間の期間」として描かれるということである。[12] このように『革命について』にはアーレント政治理論を貫くテーマが息づいているのであり、そのうえそれはもっとも具体的な形をとったものでもある。

カノヴァンのアーレント革命論に対する評価は、それが「最も共和主義的」で「政治それ自体についてのまとまった叙述」を示すというものである。[13] また、彼女は『革命について』を「政治哲学の体系的著作」や「政治的行為の綱領」ではないとし、アーレントの『過去と未来の間』が「政治思想についての試論」であるのと同じ意味で「革命についての思索であり、アーレントが長年のあいだ心のなかで考え続けてきた一連のテーマと問題を総合したもの」と見ている。[14] 他方で、この著作は

「〔アーレントの〕思考の流れが落ち合う場所であり、そのためにとくに一章を割くよりもさまざまな角度からアプローチするほうが有益」なものとカノヴァンに考えられ、後期の作品とともに並べられることになる。[15]

彼女による革命論再考は、アーレントがアメリカ革命を成功例として語るとしているものの、それが悲劇的側面にも注目したものだということを意識して論じている。アーレントの革命論は「彼女がある程度精神的な先駆者とみなしていた古典的共和主義ときわめて調和的」である一方、「人間の悲劇的状況と人間事象における成功には巨大な障害物があるということについての彼女の強い自覚」がある。[16] さらに、こうした革命論の「悲劇」的在り方はアーレントの思想に通奏するものだとカノヴァンは指摘している。革命論の物語は「悲劇」を描いているのだが、アーレントはヤスパースからの「ひとつの悲劇ではあっても、絶望ではなかった」との評を肯定的に受け止めている。[17] 要するに、アーレントが『革命について』で示している革命の悲劇的な帰結は端的に悲観的にも楽観的にも見られるべきものではなく、「哲学と政治との容易ならざる関係」を振り返るべくアーレントのプロジェクト全体と結びつけてとらえられる射程を持っているのだ。アーレントの「悲劇」に対する自覚は必ずしもそのまま悲劇的結末に留まろうとする悲観的なものではない。彼女の革命論は特定の「政治」を実現させるための政治理論という形には結実しなかった。しかし、それを克服するためのものとして、たとえば「栄光に満ちた失敗」として語られるハンガリー革命像に託されるようなアーレントの期待があるとカノヴァンは語る。このように、「失敗」してなお意義深いものとして革命に対する見方が示される。

その後この革命観はアーレント政治理論の中でどのように位置づけられ、その評価は定まったのか。それでもなお革命論は、アーレントの提示する政治についての理論を具体的な事例に結びつけたものとされ、あるいは、アーレントの政治理論を逸脱するものを含む議論だとされてきたように思われる。アーレントの政治理論全体における『革命について』の位置づけは、楽観性と悲観性のニュアンスによって差異が生まれてきたと言えるかもしれない。一方では、制度論としてユートピア的な要素を探し出され、他方では、その結末に危険な臭気を嗅ぎつけられている(18)。

他方で、先行研究はいずれもアーレントがアメリカ革命を肯定的に評価したという点では一致している。むしろ先行研究が積極的にそれを「モデル」として扱うことにより肯定的な評価が高められたのかもしれない。このために(カノヴァンには見られる)アメリカ革命でもまだ不十分という指摘の存在にはほとんど注目がなされてこなかったように思われる。

本書の議論は、なぜ『革命について』後半の「時代の新秩序」論が完結せず、晩年の著作である『精神の生活』にも登場し、その困難が論じられているのかという問いに始まる。『革命について』に登場する建国者がどのように過去と関係を持つべきか、なぜ革命は新しい創設でありうるのか、ということについての議論は『精神の生活』に引き継がれる。『革命について』が先行研究によって評価されるように成功例としてのアメリカ革命に対する注目から革命史を描き直すもの、あるいは『人間の条件』で示された行為の理論を具体的に検証するものでしかないならば、この未完結性は生じえないものと思われる。

ゆえに本研究の出発点となる問いは「なぜ、アーレントの革命論は最後まで残り続けるのか？」というものである。革命論が『精神の生活』へとつづく問いをもっているということ自体がアメリカ革命には不備があるということを意味している。

この関心において、本書は革命論が抱える二つの矛盾した課題がアーレント政治理論の中でどのように響き合っているかということを理解する。

革命論の二つの課題とは以下のものである。

1. 新しい物事を始めること
2. 「永続的で不朽（permanent and enduring）の」物事を始めること〔OR: 224=375-6〕

『革命について』と『精神の生活』のつながりに注目することによって明らかにされることは、革命論で試みられているのは革命という出来事においてみとめられる政治的なものに特異な新しさを描き出すことと、安定的な秩序においてそれを持続させようと模索することであり、アーレントが最後まで二つの課題両方ともに取り組んでいるということだ。[19]「革命精神」について、アーレントは「この精神を具現し、新しい成果を達成するようにこの精神を鼓舞する永続的な制度（lasting institution）というのは、自己破綻をきたすであろう」〔OR: 224=376〕と述べている。しかし、それでもなお革命論において「始まり」と「持続」は共に実現される必要があるものとして描かれ、建国者の望みはアメリカ革命においても叶えられなかったと示されている。

以下に本書の構成を示し、各章それぞれの概略を述べておく。

第一部は革命論が取り組んでいる革命の成果の持続という課題について論じる。第一章ではこれまでの先行研究が「始まり」概念を注視するがゆえに、持続の問題に対して見過ごしが生じていることを示し、本書の論点課題を整理する。

第二章ではアーレントが革命の「失敗」をどのように描いているかを具体的にとらえる。制度上の課題と哲学的な問題の二側面を取り上げて論じる。

第二部は三つの章から成り立っている。先の二章はアーレントが考察する持続に対する具体的な取り組みを見るものである。第三章では、『人間の条件』がおこなう活動の区別を見直し、持続という観点から見た際の制作の意義について再考する。第四章では、アーレント革命論で評価されてきた評議会を含む構想について、意見論という観点から見る。第二節では、第一節で観察された持続の実践的試みがあるにもかかわらず、なぜ持続が達成されないのかという点について検討する。

第五章では、革命論が示唆する議論のまとめとして、革命論の時間性とそれに大きく関わる思考について見る。とくにこの議論に必要な持続の概念――「不死」についての議論をたどる。第一節では政治的領域における「不死」の時間性についてあらためて見直し、第二節では革命論に留まらない権威の問題として、アーレントの描く「伝統の終焉」という前提に着目しながら思考論の展開を追う。また、その中で革命と思考に共通して関係する時間性の議論についても理解することになる。

以上のような議論を詳らかにすることによって、アーレントによる政治的なものの持続性の議論と革命論の特徴が示されるだろう。そして、この革命論と持続性の議論の組み合わせにより、我々はアーレント政治理論解釈のまとまりを逸脱するものとして革命論があることを理解できるにちがいない。我々は、アーレントの持続性に対する関心にも注目が向けられるべき、と言うことになるし、また、それに依拠した政治的なものの持続についての理解によって現代政治への示唆も得られるだろう。

■注

（1）牧野『アレント『革命について』を読む』、仲正『ハンナ・アーレント『革命について』入門講義』。

（2）森『アーレントと革命の哲学――『革命論』を読む』。

（3）アーレントの『革命について』が「単純な事実に対する関心の欠如に歴史学者や社会学者をただちに苛つかせるだろう」こと、その欠如の理由である「現実を凌駕して形而上的な構造や詩的な感覚を好む傾向」は、E. J. Hobsbawm による初期の書評でもすでに指摘されていた（Hobsbawm, "On Revolution by Hanna Arendt", pp. 255-6）。トクヴィル研究で知られる松本礼二はアーレントによる革命比較が歴史学的比較とは言い難い点を指摘して「政治哲学業界におけるアーレント産業の隆盛にもかかわらず、歴史家はほとんどこれに唱和していないのは、歴史家の側の怠慢ではなく、アーレントのテキストに責任がある」と言う（松本「アーレント革命論への疑問」二五二頁）。さらに、アーレントの革命解釈をゴードン・ウッドやジョン・ポーコックによる革命の共和主義的解釈やフランソワ・フュレらによるフランス革命史学の「修正主義」の先駆けとみなす見解に対しても、それらを批判して、両者の関心および方法論的確かさの相違を指摘している（松本「アーレント革命論への疑問」二六七－八頁）。

（4）アメリカ政治史を専門とする中野勝郎はアメリカ革命史研究におけるアーレントの革命論に対する言及の少なさについて以下のように記述している。「アメリカ革命史研究において、一九六三年に公刊されたハンナ・アーレント（Hannah Arendt）の『革命について』は、これまでほとんど言及されてこなかった。政治思想、政治理論の研究者が『革命について』とアメリカ革命や連邦制について触れている論文は散見されるが、アメリカ革命史研究への影響はまったくないといってよいだろう」（中野「『革命について』とアメリカ革命史研究」二一九頁）。中野はこの理由として、『革命について』の非実証的性格や歴史学部と政治学部の隔たりを原因の候補として挙げつつもそれらについては反証となる他の事例があるとし、数年後に刊行された革命の共和主義的解釈の代表的著作となるバーナード・ベイリン、ウッド、ポーコックらの著作の存在がインパクト減少の原因となった可能性に触れたうえで、中野の見解としては「革命史研究が描く革命像からすれば、それが描く革命像を受け入れることができない点」を決定的な理由として挙げている（中野「『革命について』とアメリカ革命史研究」二三一頁）。

（5）出版直後にホブズボームによって書かれた書評では、彼女の歴史的事実の取り扱いが歴史学者や社会学者を「苛立たせる」可能性について示唆されていた（Hobsbawm, "On Revolution by Hanna Arendt", p. 255.）。

（6）千葉『アーレントと現代』一四九頁。

（7）千葉『アーレントと現代』一五〇頁。

（8）Canovan, *Hannah Arendt*.

（9）カノヴァン『アレント政治思想の再解釈』八頁（Canovan, *Hannah Arendt*, p. vii）。

（10）Canovan, *Hannah Arendt*, p. 1.

（11）カノヴァン『アレント政治思想の再解釈』三二〇頁（Canovan, *Hannah Arendt*, p. 249.）。

(12) カノヴァン『アレント政治思想の再解釈』三三〇－一頁（Canovan, *Hannah Arendt*, p. 250.）。
(13) Canovan, *Hannah Arendt*, p. 249.
(14) カノヴァン『アレント政治思想の再解釈』三三〇頁（Canovan, *Hannah Arendt*, p. 249.）。
(15) カノヴァン『アレント政治思想の再解釈』二六頁（Canovan, *Hannah Arendt*, p. 15.）。
(16) カノヴァン『アレント政治思想の再解釈』三三三頁（Canovan, *Hannah Arendt*, p. 252.）。
(17) カノヴァン『アレント政治思想の再解釈』三三〇頁（Canovan, *Hannah Arendt*, p. 250.）。一九六三年五月一六日に書かれた手紙の中でヤスパースはアーレントの『革命について』を絶賛している。「アメリカ人を自己忘却から奮い立たせるような歴史的発見をしたことになる」とまで彼は言うが、他方でこの著作が描いているものを「悲劇」と表現し、しかしそれは「人間の悲劇というものの一要素」であるからアーレントを絶望させていないのだろうと語っている（ケーラー、ザーナー編『アーレント＝ヤスパース往復書簡 1926－1969』第三巻、四六頁）。この手紙に対し、アーレントはヤスパースの評価が「私の考えていたことの核心を衝いている」と返信した（ケーラー、ザーナー編『アーレント＝ヤスパース往復書簡』第三巻、四九頁）。そして、この革命の顛末は「かくも単純で偉大なことを賭けての勝負であったがゆえに、喜ばしく、心があたたまる悲劇」なのだと彼女は言う（ケーラー、ザーナー編『アーレント＝ヤスパース往復書簡』第三巻、四九頁）。ゆえに、『革命について』を中心としたアメリカ革命についての議論は悲劇を描き出すとしてもアーレント（ら）の絶望を示すものではない。
(18) 本邦で近年出版された『革命について』の「入門書」も、このように極端な形ではもちろんないが、楽観と悲観の色をそれぞれに帯びている。仲正昌樹は『革命について』を「アーレントの著作としては例外的に、理想的な制度についてある程度具体的に語られているテクスト」（仲正『ハンナ・アーレント『革命について』入門講義』一－二頁）とし、牧野雅彦は『革命について』に「政治」を正面から扱う特徴を見出しながらも、カノヴァンらと同じくアーレントの「失敗」を念頭に政治理論としての完成をそこに見出さず、この著作の目的を「そうした経験を思考の題材として観念や概念の内に定着させる方法を、観念や概念の継承関係を検討することを通じて明らかにすること」自体とした（牧野『アレント『革命について』を読む』二九一頁）。

（19）この問題について先行研究はどのように受け止めようとしているか。石田雅樹は『革命について』と『精神の生活』第二部「意志」の間にある差異を前者が「『始まり』と『原理』の同一性による『権威』モデルにそのアポリア解消が見出されていた」のに対し『精神の生活』では「純粋的な『始まり』自体の政治的不可能性を強調」していると表現する（石田『公共性への冒険』一九一頁）。また、この問題に対して川崎は「我々はアレント本人は明らかにしなかった結論をひき出さねばならない」と述べており、「その結論とは、共通感覚は政治的共同体の外側に、それを包摂する形で、言いかえればそれ以前に、存在しているのだということ、従って世界は、ある政治的共同体の盛衰を共にしたりするわけではないということ」とする（川崎「ハンナ・アレントの政治思想（三・完）」二〇六頁）。

第一部

革命論が取り組んでいる課題について

第一章　「始まり」の政治理論家、ハンナ・アーレント

アーレントの二つの「始まり」

「人間の創造の目的は始まりを可能にすることである」［LM2: 217=258］——アウグスティヌスの言葉を引用しながらこのように述べるハンナ・アーレントの政治理論は「始まり」の概念をその解釈の中心に据えて論じられてきたと言えるだろう。この「始まり」をどのように性格づけるにせよ、アーレント政治理論に冠しやすいのはこの概念であると思われる。

たとえば、その「始まり」の議論は「死＝終わり」に注目することで哲学を構築したハイデガーに対する有効な批判になっている[1]。生の終着点である死を目的とし、そこから逆算して生を把捉するのではなく「始まり」そのものを生の意味とすることは、生それ自体、あるいは生まれたものたちが行為することとしての政治に対しても、哲学的な思考の可能性を開いたと言える（もっとも、これは政治と哲学的に追求される真理との間にある伝統的な対立とも言える）。人の誕生ごとに世界に新しいも

のが差し込まれるように、政治的なものは世界に「始まり」をもたらす――アーレントの「出生」の議論はこのように政治的なものを定義し、彼女は人間の自発的な行為やその結果生まれる出来事が世界を新しくするということを重視した。(2) 人びとが生まれ出ることに譬えて政治的な営みをとらえるとき、彼女はいかにもごく日常的にあるものとして政治的なものを「始まり」としているように見える。

近年おこなわれてきたアーレントの議論の思想史的な再検討においても「始まり」に対する注目がある。(3) たとえば森川輝一は解釈の振幅を広くもつアーレント解釈に対して、「互いに共約不可能と思われるほどの振幅を見せる諸々のアーレント解釈が共通に示す特徴に光を当てる」ことにより、この解釈の振幅を解釈者の「ナルシシズム」によるものとして批判したヴィラをも含む先行研究が「現代の民主政治や市民社会をより善く発展させ得るような（……）『エートス』の陶冶を目指し、それに資する要素をアーレントのテクスト群から引き出すという理論的意図ないし目的においては、どの解釈者も一致している」と結論づけた。(4) 森川の功績は「始まり」についての先行研究による解釈が分裂してきた原因を思想史的に特定したうえで、アーレントの「出生」という「始まり＝原理」が彼女の全体主義批判の中でどのような経緯をたどり生まれ出たのかについて解き明かしたことにある。

他方、先行研究の一部には革命という「始まり」を特殊な断絶とみなし、アーレントの「始まり」概念にある種の危険を見出す立場がある。そのように「始まり」の特殊な新しさに注目しえたものがあったとすれば、それは実存主義的な解釈と呼ばれるものであっただろう。

実存主義的な解釈は現象学的な解釈と対比的にとらえられるべきものである。[5] なぜならそこにはアーレントの人間学と世界性の議論のどちらを優位に立たせるかという違いがあるからだ。現象学的な解釈は「世界性（worldliness）」という概念にとくに注目し、人びとの間の共通世界――政治的には公的空間――を維持することに注目して論じる。これに対して、実存主義的な解釈はアーレントの「人間学」をその世界性の議論よりも重視し、その政治理論には「もともと極めて強い個体（人）主義的な内包」があることについて語る。[6]

この実存主義的解釈が呈示する「始まり」こそ革命を特別なものとしてとらえうる概念である。実存主義的な解釈はたとえばアーレントにハイデガーの影響を読み込むマーティン・ジェイと川崎修に見られる。川崎はこの認識のゆえにアーレントの政治理論に「覚醒のシナリオ」を読み込んだ。[7] それは「平均的な日常的な自己というものが、いわばそこから離脱して、あるべき、あるいはもう一つの『本来的』な非日常的な自己というものに飛躍する」というシナリオである。[8] このシナリオにおいては、アーレントの世界は日常的な人間の在り方に対応する世界と本来的＝政治的な人間の在り方に対応する世界とに分裂しているが、この二極分解した世界の両義性は日常から本来的な世界へと跳躍することで解消されるべきものとされる。[9] すなわち、アーレントの政治理論は「強固な個人主義的パトスによって、共同体の存立を基礎づけようとする、それ自体パラドクシカルな企て」[10]であるのだ。

川崎修は、アーレントの政治理論の中に含まれている矛盾それ自体を評価して、「その思想家の名誉は、この矛盾の中にこそあることになりはしないのか」と問い直している。[11] それは解釈者である我々が解釈の対象（この場合はアーレント）の立てた問いを勝手に矛盾しない形に整えてしまうことに対する批判である。「答えに含まれる矛盾は、ひょっとしたら、問いそのものの重大さ、深刻さ、真正さを示しているのではないのか」という彼の問題提起は単純な諦めではなく解釈の対象が本来的に抱えている困難に真摯に向き合おうとする態度といえるものだ。[12]

持続性に注目し、それとアーレントの革命論との関係を見ようとする本書は川崎のこの立場を引き受け、アーレントの「始まり」の政治理論を革命論に則してある種の矛盾に返す。しかし、過去にあった解釈に立ち返るという単純な揺り戻しではなく、その根本的なところに横たわっている持続性という困難な課題について論じることを試みたい。

「始まり」という概念を中心に据えて政治的なものをとらえてみようとする試みのうち、その多くのものは、行為、次いで判断という活動に我々の目を向けさせてきたと言えるだろう。アーレントは人間の活動（activity）について労働（labor）、制作（work）、行為（action）という三つの区別をおこない、それぞれの活動について特徴を示している。[13] 最も素朴な行為の理解は、世界に生まれ落ちた者が人びとの前に姿を現し、ふるまい、各々の意見を明らかにし、そのことによって何らの意図にも目的にも従属しない――すなわちその人自身にも分かりえない――「その人が何者であるか（who）」を他者に対して暴露するというものだ［HC: 179=291-2］。彼女の政治理論は先に述べたとおり人間がこの地上に生まれ、行為する、この営みに注目することをとおして「始まり」を概念として用い、理論化している。

さらに、行為と同様にアーレントの政治理論の鍵概念として重視されてきたものが判断という精神的活動である。判断は行為とは異なって精神においておこなわれるものであるが、行為とおなじく人間の複数性を前提としたうえでの精神的活動であるがゆえにその政治的な性格をみとめられてきたものである。

行為や判断に注目するアーレントの政治理論はそれらを政治的な活動として再評価したこと自体にも意義が認められてきた。これらの行為や判断はもともと哲学的にも政治学的にも論じられることが少ないものであり、そのためにアーレントがそれらについて論じるうえでも歴史的な積み重ねの乏しいことを嘆くほどであったからである。[14] それらに注目し歴史的に系譜をたどろうとしたことやそれらを政治的な意義を持つものとして新たに概念化したことはアーレント政治理論の特徴であり、先行研究はこの企図を引き継ぐ形で議論をおこなってきた。

この結果として、アーレントの政治理論を「始まり」の政治理論と呼ぶということはその解釈において「行為から判断へ」というまとまりをなしてきた、と言うことができるだろう。

「裂け目」としての「始まり」

本書は実存主義的解釈における跳躍の概念が、ある「始まり」の解釈と結びついていることに注目する。それは革命論において描写される「裂け目（hiatus）」である。

この「裂け目（hiatus）」は「過去と未来の間の裂け目」として、『革命について』の第五章および『過去と未来の間』に付された序文において主に描写されているものだ。アーレントはそれらの著述において「始まりの問題」を「歴史的時間の連続的な連鎖のなかに割りこんできた非連続的な新しい出来事の問題」として主題化した［OR: 197＝327］。

この「裂け目」はアーレントの行為概念の実存主義的な理解と相性がよい。それは、実存主義的解釈が行為の新しさを政治的なものの持続の契機ととらえるのではなく、日常的なこの世界から「本来的な世界」へと跳躍する契機としてとらえるからだ。たとえば川崎は「過去との連続性の徹底的・意識的な断絶と、全く未知なるものへの新たな出発点となるべき『現在』への賛美」という「モダニズムの精神」をアーレントの行為概念に読み込む(15)。

要するに、「現在」を特別なものとみなすアーレント解釈はジェイに代表される実存主義的解釈を受け継ぐものであるが、それとは別にアーレントの革命論解釈としても検討に値する。「始まり」がそれまでの世界に亀裂や断絶をもたらすものであることは、革命論に注目するときにこそ目につきやすい。革命がそれまでの世界を更新する稀有な出来事であり、また、一般的な定義として日々の暴動やデモとは異なる出来事として位置づけられることから、この「始まり」が非日常的な性格を示していることは無視しがたいものである。このように革命がもたらすような「始まり」の特殊性に注目しえたのは実存主義的解釈をおいて他にないのだが、そこに本来的なものへの跳躍を見出すことはアーレントの持続性の議論はもとより革命論に対する関心でもなく実存主義の見方の反映でしかないだろう。

また、ジェイや川崎に代表されるこのようなアーレントの実存主義的解釈は、本来性への回帰という要素を印象づける点でアーレントにハイデガーの影響を読み込んでいるととらえられる。この観点からすれば、アーレントは政治的活動を「活動的生活の他の様態への従属から解放すること」を企てており、その政治が社会・経済的な諸力に還元不可能であること、また、最大限の自律性が求められていることを根拠にいわゆる「決断主義」の立場にさえ位置づけられる。[16] 川崎の革命論解釈もこの見方を反映し、先述の「モダニズムの精神」に基づいて、行為を「それ自体としては、政治的に無定形なエネルギー」としてとらえる。[17] 革命に見られる「裂け目」はまさに「未曽有の自由のチャンス」なのである。[18] このエネルギーはたとえ「共和主義」や「カント主義」が行為に共通の徳や目的を与えるとしても、これらが企てる方向づけそのものの基礎を掘り崩してしまう程のものと考えられていた。[19]

しかしながら、この解釈を日常的な「始まり」解釈によって批判された、比較的古い解釈であると言うこともできるだろう。森川が思想史的な論拠を用いて提示したものはまさに日常的な「始まり」解釈であった。川崎のアーレント解釈の根底には「普遍的な共同性へと開かれた公共空間を創り出すためには何よりも先ず主体的な個が自発的に出現するという始まりが不可欠であるという洞察」があると森川は指摘し、そのために川崎のアーレント解釈を制作的な政治理論、つまり近代的な自己実現の議論に導いてしまうとして批判する。[20]

アーレントの世界観にも着目しえた森川による思想史的研究は、「出生」をアーレントの唯一の

「始まり」概念とし、「革命」という「始まり」が持ちうる特殊性にはあえて注目しようとしない。それは第一にそれが『全体主義の起源』から『人間の条件』に至る時期を対象とするためである。

　森川による「出生」研究はそれが思想史的な説得力を伴っているものであるがゆえに「始まり」論のなかでも白眉である。彼はアーレントの「始まり」のとらえ方が『全体主義の起源』初版のエピローグと「イデオロギーとテロル」論文、あるいは『人間の条件』との間で変化していることを指摘し、アーレントの関心が『全体主義の起源』の際に批判対象としてあった制作者のイメージから「出生」の概念の着想を経て『人間の条件』においては日常的な「始まり」に移ったことを示している。このような森川による「出生」という「始まり」概念についての研究は、川崎の本来性への回帰説に反論しつつ「始まり」の日常性を示すものである。

　森川の解釈に顕著に見られるが、日常性を基盤に据えたアーレント解釈は「始まり」の新しさを主張しつつも後世の人間のために世界を維持しようと努めるものであり、いわば、世界は「出生」によって常に変容させられる可能性を持っている、という程度にとどまる。

　このためにこの世界観は行為がもちうるかぎりの日常性を反映し、世界が常にそこにあり変容しつづけるものとされる解釈、さらに世界が行為によって維持されるという解釈に説得力を与えた。アーレントの初期の「始まり」概念は「自覚的に考案された新たな政治体」の建設によってもたらされなければならない（つまり制作的な）ものと考えられているが、この制作的なモデルは『人間の条件』に至る段階では退けられ、「新しい『始まり』の理解によれば、世界において何かが始まる（何かを始める）瞬間は、世界において持続している時間の継続性と切り離されてはいない」と森川は語る。[21]この「始まり」は「『出生』を通じて唯一《ユニークな》独自の個人が次々と世界に現れ出ることで複数の人びとが構成する世界が絶えざる変容を被りながらも持続してゆくように、新たに挿入される無数の始まりの『瞬間』によって変化しながら継続してゆく『過程』として理解されるのでなければならない」ものとしてあるのだ。[22]

　このような解釈に照らしたならば、革命論の意義に注目する際にもそれは『人間の条件』の理論に則して具体的な展開を見るという副次的な試みになり、それ以上の革命論の特異性に注目されるときにはその特異な断絶――すなわち日々の生活を否定して「本来的な世界」への跳躍をもたらすような「始まり」の強度――には懸念が示されることになる。ゆえに、非日常的な「始まり」イメージは次第にアーレント解釈の中で後景に退いたように思われる。

　行為の解釈――その「始まり」としての性格――が「出生」のような「無数の始まり」と類比的にとらえられ、また、「出生」概念の示す「始まり」は日常的なものであるがゆえに、日常的な「始まり」の解釈は熟議デモクラシー的解釈など現代政治理論として活用されているアーレント解釈とも相性がよいのだ。しかしながら、日常性を前提とする態度はカノヴァンが指摘する「読者の多くは人間の生を悲劇的であるとはまったく考えず、むしろアーレントが、政治的行為者の問題解決能力に対する横柄な信頼であると考えたものから人間の生を考える」という「本能的な楽観主義」をもち、究極的には「参加的ユートピアの推奨」に行き着いてしまうとすれば危険である。[23]

持続という課題

本書が「過去と未来の間」の「裂け目」としての「始まり」——実存主義的な関心事をわざわざ省みる理由は、革命論に対して注目を抱くのでなければ生じえないものである。しかし、それは単なる解釈的揺り戻しを意味するのではない。「始まり」同士を対置させるのではなく、持続に注目することによって日常的な過程性とは別の試みを拾い出してゆく試みである。

先行研究に対し、本書は「始まり」ではなく持続性の議論を主軸に据えるために、持続性に無関心である場合にはとくに見過ごされがちである革命論に注目したい。

アーレントは『革命について』の序章において「二〇世紀の様相を形作ってきたもの」として戦争と革命をピックアップする［OR: 1＝11］が、彼女はその中でも革命を「直接的かつ必然的に我々を始まりの問題に直面させる唯一の政治的事件」として描き直すことを試みる［OR: 11＝27］。この性格のために革命は、我々がアーレントについて自明のようにその理論の基盤であり目的である最重要の概念として扱ってきた「始まり」の議論の主題として数えられるにちがいなく、あるいはその一部を構成するものであると言ってよい。

先行研究による革命論への注目は三つの主題に分類することができる。第一に、先述した革命史を語り直すものとしての革命論評価（近代以降の革命史観の修正、アメリカ革命の再評価として）があり、第二に、最高裁判所や上院の機能、約束概念を用いた法の再考、評議会に対する注目といった常設しうる制度論としての革命論評価がある。第三には、特異な「始まり」に注目する革命論評価（歴史の「裂け目」となりうるもの、あるいは非暴力的な政治体の創設（憲法論を含む）についての議論）がある。

革命はそれが始まりであるというだけでは十分でなく、その性格には持続性が認められなければならないことに注意して、本書はアーレント革命論を再検討する。

この問題を端的に表す一節が『革命について』の最終章に姿を見せている。


この〔ジェファソンの頭を悩ませた〕難問は非常に単純であり、論理的に考えると解決できないもののように思われた。すなわち、創設が革命の目的であり終着点であるならば、革命精神は、ただ何か新しい物事を始める精神であるだけでなく、何か永続的で持続する物事を開始する精神でもあるということである。［OR: 224=375-6］

このように、革命論は、革命によって生じた「始まり」をどのように維持すべきかを問う議論であるという点においてアーレントの持続性の議論の代表なのである。

革命論に見つけられる「裂け目」においても政治的なものの持続が世界の持続として現れるということは十分にありうる。革命論が持続を問題にしていたこと自体は創設や評議会についての先行研究の議論の内部からもその印象を見てとれる。問題は、断絶という主題と持続という主題の関係にある。「始まり」自体は定義上持続を伴わなければならないものではない。しかし、その新しいもの自身も持続しなければ結局は失われてしまうことになる。このために、権力の構成もとい政治体の創設という主題は始まりそれ自体であるばかりではなく持続に対する取り組みであることになる。そして、革命においてはそれがもし持続しないとすれば、致命的となりかねない問題である。単に、革命によって創設された国家が存続するかどうかという問題ではない。創設の問題としてある革命について考えるとき、それは持続にふさわしくあらねばならない。このように、革命論とは新しい権力の構成、政治体の創設という「始まり」について論じたものであるがゆえに、それが持続の議論であることを示している。

アーレントに見出される二つの対照的な「始まり」解釈のどちらの議論にも共通しているのは、「始まり」の概念に彼女の理論的オリジナリティを見出し、同時に、行為をこの「始まり」を世界にもたらす活動として、あるいは「始まり」そのものとして価値を置き、その持続における差異には注目してこなかったということだ。

実際のところ、この二つのものはアーレントの政治理論の中に共存している。たしかに、「始まり」を見ていると行為がなされるかぎり世界性は維持されるという日常的な「始まり」しか持続性を持ちえないもののように見えるだろう。さらに、人間の自発性をすでにある共同体の中に存在する複数の人間という枠内におさめ共通の徳により方向づける共和主義的解釈も、このような日常性の観点からの読解と言えるだろう。[24]創設にせよ、評議会にせよ、革命という「始まり」が持つ新しさを制度として持続させようとした途端にそれはアンビヴァレンスを表出させ、我々は「革命のアポリア」に直面する。ゆえに、日常的なこの世界の中でそれに類似したものを探し求めるほうがたやすい（もっとも本当の革命とその影という区別をアーレントは好まないだろう）。だからこそ、現在、現代政治理論によって積極的に用いられているのは日常的な「始まり」のほうである。そして、この日常的な「始まり」解釈を支えているのは『人間の条件』が提示する活動の区別を前提とする読み方なのである。

しかし、我々がとくに持続性に注意をはらって論じようとするときには、むしろ革命がもたらす「始まり」の特異な性格を認識すべきである。持続の問題は日常的な行為について注目する場合には顕在化しにくい問題と言える。アーレントはその始まりを「出生」にたとえるが、子どもの誕生は日ごとにおいて、また歴史上いかなるときにも、常に生じている。さらに行為も日々生じることを前提にしたものであろう。これに対し、革命は歴史的にも点在的にしか現象として見られず、また、政治体にとっては本来その原初にしか起こりえないものである。政治体にとって革命という「始まり」は一度しか起こりえず、後にあるものはその性格を維持した（あるいは維持することが不可能な）持続でしかない。このために、『人間の条件』で描かれる「始まり」と『革命について』で描かれる「始まり」の問題には違いが生じている。この事実はすでに革命論のアンビヴァレンスを示唆している一要素であるのだから。

そもそも、この世界の何ごとにおいても「始まり」だけからなるものがあるだろうか。誕生の後には生／死があり、出来事の後には記憶／忘却があり、創設の後には持続／破壊がある。アーレントが「死＝終わり」ではなく「生＝始まり」を目的に据えその政治理論を構築したことを鑑みれば、当然我々は忘却や破壊についてではなく記憶と持続について考えるべきであるだろう。そして、「終わり」ではなく「始まり」を中心に据えるということは当然これらの二者択一ではなく、いずれ「始まり」から考えられた持続と「終わり」から考えられた持続とを対置させるということを意味するだろう。古くより事物の生成変化の虚しさは哲学的問題となっていた。そして、「終わり」を恐れて考えられた持続として、魂の、あるいは神の「永遠」が求められた。その性格が儚いとされる行為は永遠が与える確かさとその魅力を争うことになる。

さらにこの点について、アーレントの政治理論を「生」の政治理論ととらえるとしても、「始まり」のみを考慮に入れて「生」を個々の始まりの瞬間と考える、つまり、それぞれは儚いものとしての個々の始まりが生じては消え、消えては生じるというふうに連綿と続いていくということではなく、その「生」そのものを持続させることの成功あるいは失敗において持続というものをとらえなければならないのではないか。この疑問をもって、本書はアーレントが持続性という概念をどのようにとらえ、どのように用いたかについて問うことを着想した。そしてこの問いに答えることは「行為から判断へ」解釈にはおさまらない活動理解を生むにちがいない、と考えた。

アーレントは二〇世紀の主要な思想家の一人として多くの研究の対象とされてきたが、近年ますます注目がされるようになっている。しかしながら、意外なことに、アーレントが出生などの概念を用いて新鮮な形で提示する政治的なものがどのように維持されるのかというメカニズムについては十分な解明がなされてきていない。

革命論と持続性

　この傾向は「行為から判断へ」という先行研究の関心に基づいた、以下のようなアーレントの位置づけから生じたものであると言えるだろう。行為や判断に対する関心の不足についてのアーレント自身の指摘に応じ、それらの活動を中心にして彼女が提示する政治的なものおよびそれの生じる場となるべき公的空間についての議論は、とくに参加民主主義および熟議民主主義的な視点に基づく議論に多く受け継がれてきた。この分野におけるアーレントの位置づけは主権の行使ではなく共同的な行為を政治の要点ととらえた先駆者である。[25] この観点からは複数の意見が表出すること自体に意義が見出される。さらに思想史的なアプローチにおいても「行為から判断へ」というアーレントの政治理論の枠組みを大きく逸脱する研究は見られない。[26]「始まり」の概念や複数性についての概念的な分析も多くなされてきた。よって、それを準備するものやそれを収拾するものに向けられる注意はより少ないものであり、議論の場はそれ自体で独立すればするほどよいと考えられていたように思われる。言い換えれば、複数の人間がいる場において行為すること、そして他者の行為に対して判断をおこなうこと、この二点によってアーレントの政治的なものの議論は完結する（べきだ）と考えられていたのである。要するに、公的空間で議論することの意義やその空間の内部で何をおこなうべきかに対する注目に比べて、それを可能にする空間の性格、とりわけ一度形成されたその空間がどのように維持されるのかという持続の議論には、オリジナリティを認められてこなかったのだ。

本研究は持続に注目するための「方法」として、『革命について』を『人間の条件』が示す議論的枠組みと完全には一致しない、対置させるべきものとして読む。

この試みにはいくつかの注意が必要である。

まず、アーレントの革命論に注目しようとするときには、それが「アーレントの○○論」という形でそれだけを切り分けて一部分として取り出してしまえるような議論ではないことに注意すべきだろう。彼女の政治理論は「始まり」の概念を中心にして構築され、また、革命も「始まり」の現象であることに疑いはないからこそ、アーレントの革命論はそのひとつをとって切り出せるものではなく、アーレント政治理論の核心そのものであるはずだ。

持続性の議論および革命論は第一に概念的に、第二に思想史的に見られるべきものだ。

アーレントの議論の成り立ちを思想史的にたどるということはまったくもって困難な道のりである。異なる論稿にほとんど重なり合うような議論が繰り返し現れることも多く、このために、追跡対象を小さく絞るのでなければ、どの着想をどの時期に得たかということを正確にたどることも難しい。特定の事柄についてほとんど変奏のように繰り返し語られる場合にはなおさらである。このために、政治的なものの持続性という大きな主題にどうにか道筋をつけようとするならば、やはりアーレントが特異に用いた概念を頼るということになるだろう。したがって、革命を「始まり」の概念として見ることに加えて、さらにいくつかの議論を選び出し、概念的な分析をおこなうことが本書の議論の助けとなるだろう。

本書では、先行研究がアーレントの議論をとらえる際にその重要な概念である「始まり」を中心に見ることでその解釈に「行為から判断へ」という漠然としたまとまりを生じさせてきたことに異を唱え、第一に、アーレントに持続に対する関心がどれほどあるかということ、第二に、政治的なものの持続と革命論の関係において何が注目すべき議論かということを示す。

注目すべき議論とは以下の三つのものである。

第一に、我々はアーレントの区別したカテゴリのうち行為と判断を政治的なものとして取り扱ってきたが、政治的なものはその持続のために、非政治的、ともすれば反政治的とさえ分類されてきた制作や思考の活動を必要としているということである。

第二に、アーレントが政治的なものの性格としての「始まり」とその持続を両立させようと模索する過程で、革命がもたらす「始まり」の強固に断絶的な性格や近代社会における伝統の喪失や権威の不在など共通世界に生じる「裂け目」が主題となってきたということである。

第三のものはもっとも単純な意味において生じている。それは、アーレントが持続に関する議論を納得する形で完結させられていないということである。

そして、この最後の注目すべき議論が、本研究の出発点となる問いである。なぜ、アーレントの革命論は最後まで残り続けるのか、ということだ。

アーレントは最後の大著である未完の『精神の生活』において、革命という未曽有の「始まり」を扱いながら「時代の新秩序」論を語る。これは『革命について』と同じ章題を持つものであり、さらにただ『革命について』の結論を繰り返すというものではない。少なくともそれらは人間の自由であるという運命に根拠を与えようとする困難な試みでありつづけ、『革命について』や『人間の条件』の議論を含みながら展開されるも、結局は未完に終わっている。

以上の三つの論点について真摯に考えること抜きにアーレントの「始まり」について論じ、あまつさえそれを現代の政治に貢献させることはできないだろう。なぜならこの難しさを度外視するアーレントの政治的なものの議論に生じている破綻を我々が無視するということを意味し、もしそうするならば、彼女がいくつもの「始まり」の例を見つけていたとしてもそれらはすべて持続に失敗したはずの、我々の世界にも定着しえないものでしかないからである。

よって、我々はこの未完結性を見据えなければならず、そのうえで、アーレントは革命論をとおして何を求め、なぜこの議論は完結していないのだろうか、と問うことになる。

以上の経緯から、本書はアーレントの政治理論に十分に含まれている政治的なものの持続という主題について理解し、分析することを試みる。我々の目的は、革命論が抱える二つの矛盾した課題がアーレント政治理論の中でどのように響き合っているかということを理解することにある。その目的から革命論に注目し、それをアーレント解釈において支配的である「行為から判断へ」解釈を逸脱するものとして再構成する。そのうえで、なぜこの持続性の議論は完結しないのかについても応答する必要があるだろう。

本研究は、行為論や判断論によって成る政治理論を補完しようとして制作論や思考論を求めるものではない。先に述べたように、この革命論は未完なのである。ゆえに、アーレントの政治理論は未完である。本研究の注目はあくまでも持続という主題にあり、本研究の課題はアーレントの革命論の発展過程と位置づけについて示す中で彼女がいかに政治的なものの持続について問題にしていたかということを理解することだ。

■注

（1）この観点からのアーレント研究として、とくに森一郎の『死と誕生』が挙げられる。「死への先駆」によって行為を促そうとしたハイデガーとそれを「始まりへの遡行」に求めるアーレントという形で森は両者の議論に対照的なものを見出している（二四九頁）。

（2）「出生」概念を中心に据えて論じるアーレント解釈としては、森川輝一『〈始まり〉のアーレント』が代表的である。

（3）あるいはこのような矛盾や両義性をひとつの一貫した理論として編み直すことの困難を認めたうえで、より個別的な主題（芸術論、教育論や文化論、科学技術論、法、嘘など）に限定してアーレントがそれをどのように論じているかという点にフォーカスする議論も盛んにおこなわれている。それらはどうしても細分化されたものになるが、このような形でもアーレントの議論は現代政治を考えるうえで活用されてきたのだ。

（4）森川『〈始まり〉のアーレント』二、四一頁。

（5）寺島俊穂はアーレントの政治理論がさまざまな哲学的領野の影響下にあることについて、世界概念の用い方に現象学との接点を読み取る一方、彼女の人間学は実存主義的な流れに属すると考えている（寺島『政治哲学の復権』一〇七頁)。また、寺島がアーレントを実存主義的な流れに属すると言う意味はアーレントが実存主義と人間学を完全に共有するということではなく、たとえばアーレントにはヤスパースを「ほかの実存哲学者には見られない共通世界への関心」を持つために評価するといった実存主義批判的な視点も見つけられる。

(6) 川崎修『ハンナ・アレントと現代思想――アレント論集Ⅱ』二一九頁。以下『アレント論集Ⅱ』と表記。

(7) 川崎『アレント論集Ⅱ』二五四頁。

(8) 川崎はハイデガー的な「世人から本来的な自己存在への変容の作用」をアーレントの政治理論にも読み込んでいる(川崎『アレント論集Ⅱ』二七〇 - 一頁)。

(9) 川崎修『ハンナ・アレントの政治理論――アレント論集Ⅰ』一一六頁。以下『アレント論集Ⅰ』と表記。

(10) 川崎『アレント論集Ⅱ』二一九頁。

(11) 川崎『アレント論集Ⅱ』一九一頁。

(12) 川崎『アレント論集Ⅱ』一九一頁。

(13) アーレントが用いるactionの訳語としてはほかに「活動」、workの訳語としてはほかに「仕事」がありうる。どちらも一般的な訳語であり、laborとworkの対照性を考えるならば仕事という訳語も捨てがたいものである。しかし、「活動」ではより大きなカテゴリとしての活動(activity)と文面上混同されるため、制作に関しては「制作的」という形容詞的使用をしたいがために、本研究ではactionには「行為」、workには「制作」をそれぞれ訳語として選択する。

(14) たとえばアーレントは『革命について』の中で、政治的に重要な行為と判断という人間のふたつの活動能力が「哲学的な思考だけでなく、政治的な思考の伝統によっても、ほとんど完全に無視されてきた」と述べている[OR: 221=371]。

(15) 川崎『アレント論集Ⅱ』二一七頁。

(16) Martin. *Permament Exiles*, pp. 241-2.

（17）川崎『アレント論集Ⅱ』二一七頁。
（18）川崎『アレント論集Ⅱ』二一六頁。
（19）川崎『アレント論集Ⅱ』二一九頁。
（20）森川「川崎修『アレント論集』Ⅰ・Ⅱを読む」一五〇頁。
（21）森川『〈始まり〉のアーレント』一八三頁。
（22）森川『〈始まり〉のアーレント』一八三頁。
（23）カノヴァン『アレント政治思想の再解釈』三二二頁（Canovan, *Hannah Arendt*, p. 252.）。
（24）たとえば Beiner, "Action, Natality and Citizenship: Hannah Arendt's Concept of Freedom". など。
（25）活動の中でも判断の役割に注目し物語論を構築するセイラ・ベンハビブ（たとえば Benhabib, "Judgment and the moral foundations of politics in Arendt's thought", pp. 29-51.）や意見によって「卓越性」を競い合う機会に政治的なものを見出す闘技主義的解釈のボニー・ホーニッグ（Honig, "Toward an agonistic feminism", pp. 215-35.）らが挙げられる。それらはアーレントに依拠すると共にフェミニズム的な視座からは批判的にもアーレントの政治的なものの概念および意見や判断の議論を用いている。
（26）サブトピックに注目しておこなわれている思想史的な分析もアーレントの細かな議論の出自に注目し、主に彼女の行為論を補助する目的で紡ごうとされてきたように思われる。

第二章　アメリカ革命の「失敗」と『革命について』の課題

第一節　アメリカ革命の「失敗」とは何か

アーレントはアメリカ革命を高く評価した。もちろんそのこと自体は正しい。しかし、彼女がその悲劇的側面も描いていることは十分に注目されるべきである。アメリカ革命の「失敗」とは端的に言って、「革命精神」の喪失であった。

思考と記憶の失敗によって失われたものは、明らかに革命精神だった。［OR: 212-3=359］

さらに、この失敗は二段階の失敗――制度の失敗と思考および記憶の失敗――として理解することができる。

革命精神を記憶しそれを概念的に理解するための革命後の思考の失敗よりも前に、革命が革命精神に永続的な制度（lasting institution）を与えることができなかったという革命の失敗があった。
[OR: 223-4=375]

アーレントの『革命について』の未完結性――革命の成果を持続的なものにする試みが失敗していること――は『精神の生活』下巻「意志」の最終章という終着点からも明らかなことであった[1]。このアーレントの最後の著作で彼女が直面している矛盾は「〔政治的〕活動をする人びとは未来の世界の全体的構造を変革し、『時代の新秩序（novus ordo seclorum）』を創造することを唯一の意図とし目的とするのだが、そういう人びとがあのはるかな古代という過去に赴かねばならない」ということだ[LM2: 215=255]。この記述はほとんどそのままの形で『革命について』にも登場するのだが、以来彼女は政治的なものに特異な新しさを安定的な秩序として持続させるという難問を抱え込み、最後までそれに取り組んでいる[2]。

行為はそれが先行するものによって影響をうけたり引き起こされたりしないかぎりでのみ自由と呼ばれる。しかもそれが直接に引き続く事柄の原因となるかぎり、もしできるなら、その行為が先行する流れの続きなのだという風に示してそれを正当化しなければならない。ところがそのこ

とによって自由と新しさの経験が退けられてしまうのである。〔LM2: 210=250-1〕

そして、国家や憲法について論じるときによりいっそう極限的な姿をさらしているこの矛盾に対して、結局のところ彼女は二つの「不十分な解決」しか見出せていない。

その二つとは、マルクスの「自由の王国」という空想と、アウグスティヌスの「出生」概念である。アーレントが初期の論稿に回帰しているようにも見えるこの二つの議論は、以下のような二者択一を呈示する。マルクスの「自由の王国」は、進歩によって歴史の運動が説明されるようになったときに共感を得るようになった進歩の先に実現する自由の観念、すなわち、「常に過去からやって来る」救済、「最終の救済をふくんだ未来の観念」の例である。これは「キリストの再臨におとらない勝利が訪れる循環的な時間観念」を有しているとアーレントは語る。この解決方法を「空想的で根拠のない約束」であるとしてアーレントは取り下げる。他方で、アウグスティヌスの議論に帰るならば、「出生」、人間が「世界の時間的継続の只中にまったく新しいものとして現象すること」〔LM2: 217=258〕に人間の自由の根拠を求めねばならなくなる。(3) 人間は「始まりがあるように」と創造されたのであるから、人間は自由であることができるし、自由でなければならない。

しかし、アーレントはどちらの解決にも不満をもっているように見える。アウグスティヌスの議論は「我々は誕生することによって自由たるべく運命づけられている」ということしか語っておらず、我々が自由を好むか、あるいは自由の恣意性を嫌うか、はたまた自由の重みから逃れようとするか、ということには答えを与えない。解釈者によってはアーレント自身も「自由のために偶然性の必要を認める」[4]ことを論じていたのだからといって、政治現象を眺めるにおいて偶然性にまかせることを肯定するだろう。だが、末尾におかれたこの不満からはアーレント自身は他方で「自由」にたしかなよりどころを与えることを求めていたことを理解すべきだろう。

また、我々はこの『精神の生活』の議論において思考が登場しないことを不自然ととらえなければならない。これはもちろん思考についての議論が別の巻（Volume one）において展開されているからにほかならない。しかし、「思考」の巻において語られる「過去と未来の間」の「裂け目」についての議論は革命論に端を持ち、これをきっかけに発展したものなのだ。にもかかわらず、アーレントの最後の議論を引きつぐ判断論には革命自体は登場するとしても特殊な「始まり」としては扱われず、さらに革命特有の創設（「時代の新秩序」）の問題にも答えているようには思えない[5]。

『人間の条件』では議論の対象は活動的な生活に限られるとしていたが、その最後においては思考の活動の意義を強調していた［HC: 324=504］。アーレントがはじめから政治哲学の刷新に関心を抱いていたように、思考の意義自体はもちろんどの著作においても認められていたものである。また、判断についても同様に、初期から政治的な活動に必要なものとして議論されている（「マルクス論」にも「文化の危機」にも美的判断力の議論が見つけられる）。さらに、『革命について』に登場する最高裁判所が「判断のための永続的な制度」と言われるように、革命と判断は、思考と同様に、そもそも無関係とされてきたものではない。

『精神の生活』の構成はいつ定まったのだろうか。この著作の企図はなかなか実現しなかったが、アーレントの頭の中で継続していたといってよい。しかしながら、この著作が明確に形をとったのは、『思索日記』を見ると、それは一九六七年一〇月のことであり、このときアーレントは思考・意志・判断という構図で分析する意図を示している[6]。

あらためて『精神の生活』における革命論の展開について見てみよう。

アーレントが『精神の生活』において革命論を継続するとき、革命の「失敗」の問題は「思考」ではなく「意志」と「判断」の間に配置され、アメリカ革命の持続の失敗をあがなうものとしての、つまり政治的なものを回復し、維持させるための糸口を出生概念と判断の活動に求めようとしている。この「意志」の巻の第一六章は『革命について』の第五章と章タイトル（「時代の新秩序」）すら共有しているのだが、そこでアーレントは「出生」という始まりの現象によって自由の価値を証明しようと試み、それでもそれが「自由たるべく運命づけられている」ことしか意味しないこと、それと自由を好むか否かは別であることを告げた後に、「判断について分析すれば、少なくとも何が我々の快不快に含まれているかが明らかになるかもしれない」［LM2: 217=258］と述べている。

『革命について』の第五章で示された革命の顚末も『精神の生活』では以下のように分離して語られている。

「意志」の巻ではアーレントは革命のもたらす伝統の断絶について語り、「時代の新秩序」と呼べるような断絶を伴う自由の価値を人びとが受け入れることの可能性を「判断」に求める形で論じ終えている〔LM2: 217=258〕。他方で、『革命について』から「過去と未来の間の裂け目」へと議論が発展していったように、伝統が崩壊したあとに価値あるものを見分ける詩人としての「真珠採り」とその時間性の議論も継続的に展開されているが、その出自からそれは「革命」と密接に結びついていたものだが、『精神の生活』においては思考単独のものとして語られている。

本書の主題である持続性の議論と革命論の組み合わせについて別の形で確認するならば、革命論に目を向けるときに我々は以下のようなアーレントの不服に気づくべきである。

『革命について』の中でアーレントがアメリカ革命を肯定的に取り上げ、基本的には賞賛の対象とし、これまでの革命観の参照元となってきたフランス革命に替えて革命を論じるための新しいモデルとするべくその観察をおこなっていることは我々の共通の認識である。

アメリカ革命は、それこそが彼女の政治理論の無視しようのない特徴である「始まり」にふさわしい革命の一例であり、また、そのように見られてきたものである。

しかし、革命のさまざまな位置づけの詳細は引き続き見るとしても、アーレントはアメリカ革命のすべてに満足していたわけではない。本書が注目したいのは、まさに彼女がアメリカ革命を賞賛しつづけているかに見える『革命について』の末尾においてさえ、実際には彼女がこの革命の顚末について楽観的に議論を閉じることはなかったという点である。

新しい精神、なにか新しいものを始める精神——この革命精神がそれにふさわしい制度を発見するのに失敗したとき、このようなもの、あるいはおそらくそれ以上のものが失われた。この失敗を償うことができるもの、あるいはこの失敗が最終的なものとなるのを阻止できるものは、記憶と回想を除いてはほかにない。〔OR: 272=442〕

この失敗は、まさに革命論の「破綻」――革命という「始まり」がたしかに課題として持っていた持続との両立に失敗したこと――を示すものである。ゆえに持続性こそが革命論の主題であると言えるのではないか――このように我々が思い至るとき、加えて、フランス革命とアメリカ革命の描き方には以下のようなものがあることを振り返り、思い出すことがふさわしいに違いない。

『革命について』はフランス革命に批判的な立場をとり、それをアメリカ革命と比較するが、アーレントはフランス革命をアーレント的な「始まり」のカテゴリに含めないわけではない。両革命とも彼女の呼ぶ意味で「始まり」であったことに違いはなく、暦の扱いについて見るときにはアメリカ革命よりもフランス革命のそれが称えられているほどである。

革命の近代的な概念は、歴史過程は突然新しく始まるものであり、その歴史は以前にはまったく知られていなかったか、語られることがなかった新しい物語であるという観念と解きがたく結びついている。このことは一八世紀の終わりに起きた二つの大革命より以前にはまったく知られていなかった。（……）こうした革命がまったく新しい時代の前触れとなろうとしているということは、国王を処刑し共和政を宣言した年を第一年とする革命暦の制定が早くもそれを証明していた[7]。［OR: 18-9=38］

しかし、このような賞賛を受けたフランス革命はそれを安定させるという課題においてテロルに行き着くという明確な失敗の例に成り果てる。つまり、アメリカ革命がフランス革命より優れているとすればそれは持続の過程においてであるにちがいなく、そうであるならば革命論を「始まり」の観点からのみ観察することが十分でないことは明らかであるだろう。

さらには、持続についてはアメリカ革命でさえも最後まで成功してはおらず、しかも、その記憶すら不十分なものに留まる。そのことはアーレント革命論の解釈を楽観・悲観の双方に振れさせてきた『革命について』の議論の閉じ方からも明らかなことである。

とすれば、両者とも持続に失敗した革命だ、と言うべきなのかもしれない。フランス革命の結末はすでに述べたが、アメリカ革命に関しても、議論の的になってきたものはその新しい精神にふさわしい制度――憲法、評議会制、そして何かしらの他のもの――であり、そして、フランス革命だけでなくアメリカ革命もその安定に成功しなかったからである。

革命の比較をする際には「始まり」よりもむしろ持続に目を向けるほうが、それらの示す特異な性格やそのうえで直面した困難についても理解することができるだろう。アメリカ革命とフランス革命、そしてあらゆる革命がすべて「始まり」であり、「始まり」であるがゆえに持続の過程において革命特有の困難が姿を現すことになる。アーレントはこの革命の「難問」について、「創設が革命の目的であり終着点であるならば、革命精神は、ただ何か新しい物事を始める精神であるだけでなく、何か永続的で持続する物事を開始する精神でもあるということである」と書いた後に以下のように続けている。

> するとこの精神を具現し、新しい成果を達成するようにこの精神を鼓舞する持続的な制度というのは自己破綻をきたすだろう。〔OR: 224=376〕

『革命について』がおこなう中心的な区別は自由と必然についてのものである。アーレントがこの著作で強調しているものには二つの自由概念（liberty と freedom）の違いもあるが、前者――抑圧からの解放を意味する自由――はもしそれだけを目的にして革命を推し進めるならば自由たるべきその革命もその性格を必然に転じさせてしまうという点で、それらの対比がおこなうものはやはり自由と必然の区別なのである。また、自由と必然の区別がこの著作の軸であることは、そのそれぞれがアメリカ革命とフランス革命を特徴づけることからも明らかだ。フランス革命はさまざまな必然に導かれてその悲惨な幕引きを迎えるというわけだ。

では、この必然の概念をどのように説明するべきか。石田雅樹によれば、第一に「運動の展開自体が人知を超えた不可抗的な力によって動かされているというイメージ」があり、第二に「人間が有機体として生命過程から免れられないという事実」がある。[8]

フランス革命が必然の革命であるとはどのようなことを意味しているだろうか。

アーレントはフランス革命をどのように描いていただろう。この革命は「溶岩（lava）」や「嵐（tempête）」、他にも「激流（torrent）」の類と――革命を主導する当人たちによってさえ――表現され、「不可抗的な過程（irresistible process）」の比喩にたびたび彩られてきたものとされる［OR: 39-40=68］。さらに、それは「人間の作品（work）」であったはずのものが「人間よりも偉大な力」に介入されるかのようであったとアーレントは語る［OR: 39-40=68］。

フランス革命の下でこのように翻弄されるよりほかない「不可抗力の運動」としての革命概念が生じたのであり、それをアーレントは必然という概念を用いて描いてきた。

> 貧なる者大衆、万人のなかのこの圧倒的多数、そしてフランス革命が不幸な人びと、と呼び、その同じ革命が激怒の人びとに変え、その結果見捨てられ、一九世紀になって呼ばれたように悲惨な人びとへと後退した彼らは、記憶の許すかぎり長い間自分たちが屈服していた必然性を、その必然性に打ち勝つためにいつも用いてきた暴力と一緒にたずさえていた。必然性と暴力の両方が一緒になることで、彼らは抗しがたいもの――大地の力に見えたのである。[9]［OR: 104-5=169-70］

アーレントによるフランス革命批判は、フランス革命そのものの手段や結果を批判しているというだけでなく、それが後世において革命という現象がとらえられる際の規範として扱われていることに対する批判であることを強調すべきである。[10]人びとはフランス革命に似たものをこそ革命と呼んでいた。革命史におけるフランス革命の影響を論じるとき、その罪は革命を暴力と結びつける習慣をもたらしたこと、裏を返せば、暴力的な反抗が観察されるところに我々が革命を見出すようになったことにあると言える。そして暴力を手段とした革命の目標はおしなべて既存の権力による抑圧からの解放にとどまってしまう。

暴力的な解放運動としての革命――それがフランス革命の結果として強化された革命概念であり、それをさまざまな例をもってアメリカ革命と対比するのが彼女の革命論である。フランス革命やそれを範例とした革命で必然が暴力を巻き込んで運動として出現する手前で、必然の概念史は「合法則性（lawfulness）」と「不可抗性（irresistibility）」という二種の概念を用いて描かれる。

正確には、それは「合法則性」から「不可抗性」へと変化をたどったものである。

たとえばアーレントによって引用される、

「反乱だ（C'est une révolt.）」

「いいえ、陛下、これは革命です（Non, Sire, c'est une révolution.）」

という一七八九年七月一四日夜の一場面［OR: 37-8=65-6］は、アーレントが革命概念をあらゆる反乱やクーデター、暴動と区別して定義しようとするために登場させられたものではなく、必然の「合法則性」と「不可抗性」について解説をするべくして描写されたものである[11]。これらの会話は「周期的な回転運動」が「天空から地上へその意味を移しただけの古い比喩」として用いられた最後の瞬間としてこのシーンを描くべく引用されている［OR: 38=66］。

つまり、この引用は革命が「始まり」であるということを表現するためのものではない。その代わりにアーレントは、天体の運動のイメージにおける強調点がその「合法則性」から「不可抗性」に移ったということを示すためにこのエピソードを用いている。アーレントはあくまでも一八世紀において「革命（révolution）」という語が天体の運動のイメージ（「天体の周期的で合法則的な回転運動」［OR: 32=57］）についてその秩序だった規則正しさを強調するのではなく、その抗いがたさのために用いられるようになったということを指摘しているのだ[12]。

不可抗性は強制力と結びついた言葉である。たとえば、主権者の意志による、あるいは、自然的なある規則を進化としてとらえ、その下で歴史を理解する等自動的な過程としての強制力が思い当たるだろう。また、革命という語において天体運行のイメージが合法則性から不可抗性に移行したと先述したが、合法則性は自動的な過程性と結びついて必然をなお表現している。アーレントはこの不可抗性を帯びた運動について「人間の力では捕まえることのできないものであり、ゆえにそれ自身で法則であると強調されたもの」として理解する［OR: 38=66］。

一九世紀になるとこの不可抗的な運動のイメージは「歴史的必然（historical necessity）」という観念に姿を変えるとアーレントは語る［OR: 38-9=67］。それは超人間的な、人びとを意のままに動かし、それから逃れることも抗うこともできないような力をもった歴史過程のことを指している。さらに、この必然は理論化されることとなり、ヘーゲルによる「自由と必然の弁証法」はまさにその極致として挙げられる［OR: 42=72］。

こうした歴史過程を支配するような不可抗的な運動のより小さなカテゴリとして、生命過程（life process）がある。この生命過程――我々が生物であるがゆえに維持すべき肉体的な必要に牽引される事物の構造はフランス革命によってパラダイム化した革命理解の問題点として数えられ、抗いがたい歴史の法則性と同様に必然というカテゴリに分類されるべきものと言えるだろう。

> この生命過程によって人間の肉体は、我々自身の活動から独立した自動的で不可抗的な、すなわち圧倒的に我々に迫ってくるところの絶えざる変化運動の状態におかれている。［OR: 49=39-90］

生命過程の必然は整然として機械的な規則性のイメージと結びついているものではなく、むしろ「全人類の歴史の基礎にある純粋な偶発事（sheer happening）」において宿命的なものとして描かれ、むしろ浮き沈みし、変化しつづけるものとして発揮される［OR: 49=90］。我々が意識的に行動したり自発的に行為したりすることが少なければ少ないほど、それはその運動によって我々を先導し、我々を威圧してしまうことになるとアーレントは語る［OR: 49=90］。

さらに、生命過程に対する関心は、歴史過程の必然性が生命過程の必然性と合致するとして、歴史的必然のイメージを自然的な循環性をもち合法則的である天文学的なイメージから超人間的で超自然的有機体という生物学的なイメージに移行させた［OR: 50=90］。

必然的な運動に注目する我々は今、『人間の条件』の活動の布置を見直している。我々は生命過程の運動のただ循環し、変化し続けるという労働的な性格、革命には必ず行為が観察されるとしてもそれにふさわしい思考がおこなわれず、むしろ人間的な世界の外側――「歴史的必然」に意味づけを譲ってしまうという観想的な性格の双方を、必然の革命を観察するにつれ見つけることができるだろう。

アーレントによれば、「歴史的必然」について歴史の展開が不可抗的なものだというヘーゲルの信念の背後にあるものも、生命過程に不可抗的な力を見出すロベスピエールの信念の背後にあるものも、同様の「奔流」の景色であるとされる。「暴力も不可抗性も運動のなかにあり、いっさいの物、いっさいの人間をその流れの運動のなかに引きずりこむ」［OR: 104=168］――このように必然が変化と運動の集積として表現されてあることは、それが必ずしも明確な意志を伴った強制力として働くものではないこと、必然を前提するものとしては意外なことにそれが純粋な偶発事のイメージとしてそこに生じることを示している。

さらに、革命に関して必然の性格を示すために不可欠なのは社会問題という主題である。生命過程という運動は近代において社会問題として政治的な領域に姿を現したものであり、フランス革命が迎えた顚末の根本的な原因となるものだ。彼女は生命過程がもつ必然的な性格を貧困（poverty）という現象と言い換えるように用いている。[13] それは貧困という条件によって生物的な必要が生命から与えられた命令として人間を屈服させ、支配するということが起きるからである。この問題はまさに革命論の中で生命過程の支配として大きく取りざたされる。

感傷や同情は社会問題において湧き出るものとして理解されるが、それらが貧困など生命過程の問題が政治的な領域にあふれ出ることと時期を一致させる形で生じていることは注目に値する。同情心は本来政治とは無縁のものであったし、伝統的には、たとえばヨーロッパ文明の倫理的規範がキリスト教の慈悲深さによって定められていた時代においても、感傷や同情は政治的領域の外で働いていたものとアーレントは語っている［OR: 60-1=107］。しかし、一八世紀の人びとはこの伝統的な政治的無関心としてこそ働く社会問題に対する姿勢を捨てることにし、それを政治的な形で示そうとする。

ルソーの言葉にもあるように「同胞の困苦を見るにしのびない生来の感情」がヨーロッパ社会の一定の層――フランス革命を成し遂げた人びとはまさにこの層に属していた――のなかで普通になっていた。［OR: 61=107］

これがどのような傾向であるかは『人間の条件』においても書かれていた近代の描写が示している。ルソーは公私の区別の代わりに「社会的なもの」と「親密なもの」の間で、「人間の魂をねじまげる社会の耐え難い力に対する反抗」や「それまで特別な保護を必要としなかった人間の内奥の地帯への社会の侵入に対する反抗」を試みていた［HC: 39=61］。つまり、社会的なものはその誕生と同時にそれに対する反動も生んできたものであったが、この反抗が強調したものは公的な領域がもつたしかさではなくむしろ人間の心や魂の主観的な形式を重視する傾向であったのだ。

生命過程の現象はアーレントが用いる必然の概念に対して、生理的に循環し、変化しつづけるというとめどなさをイメージとしてもたらしたが、社会問題に向かってあふれ出る感傷はまさに必然に対してコントロール不可能なもののイメージを付与するものであるだろう。

この傾向についてアーレントの解説は以下のようである。

フランス革命の「人民（le peuple）」は社会問題と同情が重なるところに生まれる。すなわち、同情や感傷は実際に革命の中でも最良の人びとの心を突き動かしたものであり、さらには、革命を推し進める人民の力は常に不幸な人民によって生み出されていたのだ。少なくともロベスピエールやシェイエスはそのように認識し、革命家こそはもっとも弱い最下層の人びとの労苦に自分を寄り添わせるべきであったし、また、そうすることが政治的であり、有徳なふるまいとされたのだ。

> ロベスピエールにとって、さまざまな社会階級を一つの国民に統一することができ、またそれによって統一しなければならない力は、苦しんでいない人びとが不幸な人びとに対して示す同情、つまり上層階級の下層民に対する同情であることは明白であった。［OR: 70=119］

フランス革命の人びとは貧民の苦悩に寄り添うかのように同情に苦しむ。この苦悩は積極的な善

(「あらゆる行為を喚起しうる原理となる善に対する積極的な愛」〔OR: 72=122〕) とは異なる「他人の苦悩のなかに自分自身を無にする能力」〔OR: 71=121〕である。

この他者の苦悩に没入する態度は、その徳性の運用にあたっても限度なきふるまいを認めた。ロベスピエールの徳は制約としての法や裁判を無視したのである。このように、どのような「制約 (limitations)」も課されないものであったという点において、ロベスピエールの徳は政治的な面で「悪 (vice)」とアーレントにより表現されるほどであった〔OR: 80=135〕。

そして、この徳性は人びとの人格においても一線を引くことを認めなかった。すなわち、法的人格と内心を区別せず、公的領域においてふるまう人びとの仮面（法的人格による保護）をはぎとったのである。彼らは政治的なものをも自然的な存在ととらえ、「剝き出しの欲求と利害だけが偽善のないものであると確信していた」とアーレントは語る〔OR: 100=163〕。

しかし、このように法的人格と内心を区別しないことは偽善を糾弾するうえでも役に立たないことであった。というのも、人びとが「裏切りや欺瞞や虚偽」を公的空間においておこなおうとするとき、彼らはむしろ仮面をかぶっていないのである〔OR: 93=153〕。

「人格」の仮面をはぎとったあとには、つまり法的人格をはく奪したあとには「自然な」人間が残るであろうが、他方、偽善者は仮面をつけていない俳優そのものであるから、仮に偽善者の仮面をはぎとってみても、その仮面の背後には何も残らない。〔OR: 98=159〕

偽善者とは仮の役を演じているかのようにふるまう、生身の人間のことなのである。もしこの偽善に対抗しようとするならば、仮面をはぎとるのではなく、公的領域において仮面のありようを問題にし、むしろ法的人格について問い直し、意見すべきであっただろう。しかし、アンシャン・レジームからの奪還が叫ばれたものは、その臣民としての権利や自由ではなくその生命と自然的な権利や自由であったのだから、彼らは法的人格に対してのみ与えられる権利には関心を抱いていなかったのである［OR: 98=160-1］。

このような徳の追求は、悪徳の姿をも変化させることになった。アーレントはメルヴィルの『ビリー・バッド』のエピソードやドストエフスキーの『カラマーゾフの兄弟』における大審問官の挿話を引用しながら、政治的なものの領域と絶対者の存在がその善性悪性どちらかということにかかわらず相いれないことを示している。それは極端な善と極端な悪を政治的な領域に取り入れることを意味しており、「すべての『永続的な制度』は根源悪の猛攻撃だけでなく、絶対的潔白の影響力によっても破壊される」［OR: 74=125］ことになる(14)。

それに対して、政治という人間的な領域の「永続的な制度」（たとえばそれは法律である）は「罪と徳の間を揺れ動く」ものであり、すなわち、かならず限度を持っていると言うことができるだろう［OR: 74=125］。要するに、フランス革命の、ルソーによって政治理論に取り入れられ、ロベスピエールの「偉大な革命的雄弁の激情」をもって「市場」に持ち込まれた同情は、しかし、永続的な制度を確立することはできないものなのだ［OR: 71=121］。

この意味においても、必然の性格が「永続的な制度」と相いれないということが確認されたが、本書の関心である政治的なものの持続性という課題にとって重要な示唆をもつものであるだろう。アーレントは感傷や同情の要素をアメリカ革命がもたず、フランス革命がもつという点において両革命を区別するが、それは持続のための論点なのである。(15)

アーレントの革命論はアメリカ革命に範をとることで当時フランス革命を革命の典型と考えていた革命史観に対して、暴力ではなく権力、必然ではなく自由という概念を用いて革命という「始まり」の性格を示すことを試み、それに成功したものと言えるだろう。カノヴァンが「複数性」に関して指摘するように、革命論のこのような試みも、ひとつの言葉によって世界を増大させるというアーレントの実践であったと考えることができる。(16)

『革命について』が示すストーリーにおいて概念として特出したものがあるとするならば、それは「複数性」でも「出生」でもなく「自由」である。そして「自由」は「始まり」によってのみなるものではなく、持続性の課題そのものである。アーレントの『革命について』の議論は『人間の条件』の枠組みとは少しずれたところで展開されているように見える。それがなぜおきるかと言えば、この著作が持続性の課題に取り組んでいるからであり、『人間の条件』に依拠するのではその政治的意義を見落とされがちな制作や思考という活動とその議論が結びついているからである。

「自由」を持続のための概念と考えるとき、やはり『革命について』で完結したものとは言えないだろう。この著作では法や制度についてさまざまな批判が並べられていたが、思考については十分に練られないうちに最後の頁を迎えたからである。アーレントが革命の成果を持続的なものとしようとするこの議論のためには、その後の議論においても、たとえば思考・意志・判断という形で「精神の生活」についての議論として深化させられていったように見える。

第二節では制度上の問題、第三節では思考の問題、それぞれについてそれがどのように問題であるのか――その失敗およびその反省によって生じる課題について見る。

第二節　革命論が問い直す法―制度の問題

憲法論のアポリア

アーレント革命論が描き出す制度上の問題は第一に、憲法論的関心のうちにある。

アーレントは合衆国憲法が革命精神の維持と継承に失敗したというジェファソン流の認識に立脚する(17)。アメリカ革命の独立宣言と合衆国憲法に連続性があるということを肯定的に受け止める一方で、両者は実質的に対立していて、憲法が制定されると直ちにアメリカ革命の人びとの間では「いわゆる憲法の聖化ないし神話化が急速に進行し、憲法制定をめぐって戦われたあの激しい論争と批判は歴史の塵のなかに埋もれ、合衆国憲法は、今日まで現存する世界最古の憲法として、また制定者たちの思惑どおり無類の持続性と安定性をもつ法文書として機能していくことにな」った。[18] 憲法制定権力の問題として、憲法を作り上げた権力と憲法によって作り出される権力にはその仕組み上、あるいは時間的な隔たりにおいて、必然的に差異がみとめられるという問題があり、それは不可避のアポリアと言える。

石田雅樹は、暴力性や恣意性を克服する形で革命を論じるときこの課題が根本的な困難を内に含むことになると指摘し、これを「革命のアポリア」と呼んでいる。[19] 革命によって新たな政治体を創設することができるが、それは「それ以前の政権体制に拘束されない新たな『始まり』」である一方、新しい出発を志向しようとすればするほど、それだけ一層「『法』と『権力』の正統性の問題、恣意性を克服する権威の問題を抱え込む」ことになるからだ。[20]

第二の点については、「自由は、それが触れることのできるリアリティとして存在したときはいつでもかならず空間的に限界づけられて（limited）いる」［OR: 267=434-5］――このことを法以外のものとの関係でどのように理解することができるのか、その具体例について見ることができるだろう。

この問いのために、アーレントの革命論において意見がどのようなものとして語られているか、どのようにそれが限定づけられているかについて、さらなる議論が必要となる。

評議会と持続性

アーレントの政治的なものの概念は複数性を条件とし、国家主権的な単一の権力構造を批判するところから生まれ出る権力の形であった。その中心となる行為の活動はさまざまな人間のあらゆる意見を受け入れるように、あるいは受け入れなければならないように、思われがちである。[21]ゆえに、この行為概念は「あれも行為」「これも行為」という具合に政治的なものを拡張することが（しばしばアーレントを超える形で）可能であるように扱われてきた。[22]

この意味で、アーレントの行為概念はしばしば政治的な領域に無規定のものを呼び込む特異点となっている。アーレント自身も『人間の条件』の中で人間的＝政治的な領域に与えられる「際限」と行為の関係について論じる際に「このような制約と際限は、それぞれ新しい世代が自らを挿入するときに仕掛けてくる攻撃にしっかりと耐えるだけの枠組みを与えるものではない」と述べていた［HC: 190-1＝308］。行為はもともと既存の枠組みの中に都合よく調和的な形でおさめられるように生じてくるものではない。

この行為や出来事を、世界を破壊しないやり方で世界の中に迎え入れるためにそれらに対して評価を与える活動としては、判断が注目されてきたと言えるだろう。その代わり、それに持続性を与える機関や制度が必要だとして注目されることは少なかった。

しかし、判断論以前に評議会とそれよりも安定的な制度の間でたびたび争いがあり、評議会はしばしばしば敗北してきた。この争いというのは「代表制」と「行為と参加」の間の葛藤を意味し、これは二〇世紀のあらゆる革命で観察されたものであった〔OR: 265=432〕。

評議会と政党の対立点がどこにあったか、ということから、アメリカ革命の人びとによる評議会の評価に関してもアーレントが彼らの持続性への関心を強調していたと理解することができる。

上院や最高裁判所がアーレントにとって政治体の安定のために働く機能であったのに対し、彼女の構想の要である評議会と対立的なものとして扱われていたものが政党である。

政党は「統治の目的は人民の福祉であり、政治の実体は行為ではなく管理である」と考え、そのために評議会を道具にするものである。政党にとって人民は「操作の対象としての」有権者でしかない。しかし、評議会はそれ自体として「統治の永続的な機関（parmanent organ）」の樹立を試みてきたものであり、「新しい統治形態の出現そのもの」であるのだ〔OR: 256, 265=420, 432〕。

アーレントは革命の人びとの足跡をたどり、その統治形態についての議論から、その対抗相手が政党制であり、デモクラシーであったということを示している。彼らはたとえばデモクラシーについて「統治の基本的な不安定性」を懸念し、共和政の統治形態に対しては「おおいなる持続性の約束」という期待をもっていた〔OR: 216, 218=364, 366〕。彼らが共和政こそ政治体の持続にふさわしいと考えており、評議会が機能しなくなるとすればそれは共和政でなくなるという懸念をもっていたということをアーレントは評価している。

しかし、アーレントが『革命について』の中で政党制と評議会制を対立させて論じるのはアメリカ革命よりもハンガリー革命の観察や彼女が生きた当時の経験に由来しているということをアーレントの評議会論の起源をたどったジェームズ・マルドーンは示している。[23]

マルドーンはアーレントが描く評議会の歴史を、近代の政治史が自由主義・社会主義・保守主義というイデオロギーの争いとして描いてきたものを、自発的に進展する評議会制とそれとは別の確立された権力によって課される政党制間の争いとして描き直すものとしてとらえる。[24]すなわち、アーレントの書き方は「リベラリズムとマルキシズム——代表制議会民主主義と革命的政治政党——は同じコインの表と裏」というものであり、真の論争は「人民（the people）と議会や指導的な党により彼らを代表しようと言いつのる人びとの間」にあるということだ。[25]

マルドーンは「彼女がもっとも気に入っている制度案として、評議会制はアーレントの行為論や政治的自由論と同じくらい重要なものと見られるべき」と主張するが、その動機にはこの評議会論が「ユートピア的」で評議会自体も「物珍しい例外」と見られて、まじめに中心に据えてアーレントの評議会論をたどるということがなされてこなかったことへの批判的見解がある。[26]実のところ、アーレントのアメリカ革命論はその評議会論を具体的な構想として示してきたのだ。彼は評議会論を生んだ源流をとらえるとともに、彼女が排除しようと努めたものをも含めて評議会論を見ようとする。アーレントは「社会主義的なパースペクティブよりも共和主義的なパースペクティブから評議会の歴史を読み解こうと試みて」いるのであり、評議会を「マルクス主義とその労働者階級の闘争との関係の中にあるその理論的なルーツから切り離す」ものだった。[27]

アメリカ革命論の評議会の構想が政党制を避ける理由は、アーレントの「政治を経済・社会的な関心から無理に切り離そうとする試み」とも無関係ではない。政党制のもとで市民に許されるのは「被支配者による支配者に対するある程度のコントロール」にすぎず、「代表される」のは意見や行為ではなく利害や福祉であるからだ［OR: 260=425-6］。

評議会はアメリカ革命に特殊な産物として評価されるものではないからこそアーレントにとって希望であった。フランス革命においてもたしかに「近代的な政党制と新しい革命的な自治機関との闘争」としておこなわれたものがあった［OR: 239=396］。この評議会は敗北したのであったが。そのうえ、これが敗北したといってもフランス革命において選挙のために開かれていた有権者集会は後にはパリのコミューンという市評議会へと姿を変えて「拡大」するという形で生き残ったと見てとっていたのだから、やはり評議会はアーレントにとって希望を抱くに値する仕組みだったのである。

しかし、他方で評議会論はアーレント的な政治を経済・社会的な関心から無理に切り離そうとする試みが座礁する典型的で代表的な瞬間であるととらえられるべきだとマルドーンは主張する。(28)

たしかに評議会と同時期に生まれ、それに対立する政党制はこの評議会の敗北の原因になった。この二つの制度の闘争は「政党制の権力の源泉でありその所在地である議会と、自分自身の権力をその代表者たちに引き渡した人民との闘争」としてアーレントに理解されている［OR: 240=397］。国民国家は政党政治に我々を馴らしてしまったが、「いかに特定の政党が街頭の人民と連帯しようとも、党の起源が議会の党派闘争にある以上、人民に対しては外部や上部からアプローチするにすぎない」とアーレントは我々を説得する〔OR: 239=397〕。

評議会が抱いていた「国家の変容に対する希望、すなわち、近代的な平等主義的社会の全成員が公的問題の『参加者』になることができるような新しい統治形態に対する希望」を葬り去ったことがアーレントの二〇世紀の革命に対する失望の原因そのものであった〔OR: 256-7=421〕。評議会は行為をおこなうための場所であると同時に秩序のための機関だった。評議会が革命終了後の地位を求めて評議会を革命的活動の一時的な執行機関にとどめようと画策する職業的革命家と闘争しなければならないのも、評議会自身が「新しい秩序を確立したいという熱望」を持っているからである〔OR: 255=418〕。それは「永久革命」を望むというのではなく、共和国や政府の樹立を目指していた。このように評議会制は持続のための機関と考えられ、秩序の確立を求めていたものだ。

しかし、それも成功したとはいえない。アーレントが評議会によって政治的なものに際限を与え持続させようとするときに「悲劇」を演じさせるものは何であっただろうか。

第一に、それはアメリカ革命において憲法に権力と公的幸福の源泉であるそれ（具体的にはたとえばウォードシステム（ward system）とタウンホールミーティングの構想）を反映させることができなかったという事実である。第二には、革命によって生じた政治体を安定させようと努める人びとが、評議会を新しい統治形態の萌芽であるとは見ずに、「革命がいったん終結すれば消滅するはずの単なる道具」と考えたことである〔OR: 248=409〕。しかし、第三のそれは、政治的なものについて思考することの根本的な困難に関わっている。要するに、評議会およびそれらを安定させるための制度の意義喪失は単純にその制度の意義が見過ごされて定着しなかったというのではなく、革命という新しいものの価値を語るための言葉（概念）をもたなかったがゆえに、失われてしまったというものだ。

この意味で、アーレントはあきらかにアメリカ革命の顛末を「始まり」の成功ではなく持続の失敗として描いていると分かる。

以上のように、『革命について』で描かれる悲劇、評議会というシステムによって革命の成果＝政治的なものを持続させようとするときにそれが実現しなかったことには三つの原因がある。

アーレントのアメリカ革命の人びとに対する告発とは以下のものであった――「思考と記憶の失敗によって失われたものは、明らかに革命精神だった」［OR: 212-3=359］。

このように、『革命について』の最終部のはじめでアーレントが持続性についての問題提起を掲げるとき、そのために重要になる活動は必ずしも行為ではなく、思考である。

第三節　革命論の端緒としての思考の問題

思考の問題

『革命について』には、革命において「思考がなされなかったこと」の指摘がある。

アメリカの記憶の喪失は、革命後の思考のこの致命的な失敗にまでさかのぼって考えることができる。というのは、もしあらゆる思考は記憶と回想とともにはじまるというのが真実なら、この記憶は、そのなかで自らさらなる発展をなしうるような概念の枠組みのなかに濃縮され、蒸留されるのでなければ、確実なものとして残らないというのも事実だからである。（……）死すべき人間の出来事を、人間につきまとう空虚さから救うには、その出来事を間断なく語りつづける以外にない。しかし、ひるがえって、その語りつづけは、ある概念、つまり、将来記憶されたりあるいはただ参照されたりするための何らかの道標がそこから生まれるのでなければ、空虚なものにとどまることになる。(29)［OR: 212=358］

このように観察されているアメリカ革命における思考の不在、そしてその後の思考の失敗の原因としていくつかのものがアーレントによって挙げられている。

第一に、アメリカにおける反理論的傾向が挙げられている。「アメリカ革命の人びとの反理論的傾向を示すもっとも説得力のある証拠は、過去の哲学や哲学者に対する、それほど頻繁にみられるわけではないが、それでも非常に手ごたえのある激しい感情的反発の中に見ることができる」とアーレントは述べる［OR: 305-6=444］。しかし、アーレント自身、アメリカの革命家たちが古代ローマに範を求めていたということを明らかにしている。革命の人びとは、フランス革命の人びとにも当てはまることであるが、熱狂的に古代ローマの先例に準じようとした。また、アメリカ革命の人びとは賢明にも古代ローマのように始まりそのものを権威として新しい共和国の創設と維持を保障しようとした[OR: 191=319]。

けれどもこのようなローマの振り返りは共和国ができあがるまでの試みにすぎなかったようである。

しかし実際、非常に程度の高い読書から得た知識や概念的思考が、アメリカ共和政の骨格を形成したということが議論の余地のないものであるにせよ、このような政治思想や政治理論に対する関心が、課題の達成のほとんど直後に枯渇したというのも本当のことである。すでに触れたように、政治問題に対するいわゆる純粋に理論的な関心がこのように失われていることは、アメリカ史の「特質」ではなく、反対に、アメリカ革命が世界政治の観点からは不毛にとどまっている主要な理由であると私は思う。[OR: 211=357]

実際に、こうしたアメリカ圏での政治理論に対する関心のなさはアメリカ政治思想史研究によっても裏づけられている(30)。

フランス政治思想と比べてアメリカ政治思想の誕生が遅いことは、アメリカ革命が後世の革命の模範とならないという結果を生んだ。しかもそれは、社会主義革命によって示されるように労働が第一の価値とされたり、貧困からの解放が第一の目的とされることや、アンチリベラルな態度がまさに革命の性格であると人びとにみなされていることの確かな原因であるとアーレントは認識していた。第二に、革命の持つ「新しさ」がある。第一に挙げたアメリカの反理論的傾向は実はアメリカ革命の人びとの怠慢ではない。この政治と哲学の結びつきに対する冷淡さにはもともとの両者の対立的性格が原因としてあり、それは革命の新しさのために仕方のないことであった可能性があるからだ。アーレントは、彼ら自身最初は自身らの革命をローマなどの「復古」としてみなそうとしたのだが、それが不可能であることに気づいた、と述べている。

> 革命の人びとがどれほどローマ精神に接近していたとしても、また、あるまったく新しい非連続の政治体を構成するという彼らの主な仕事に関して（……）この文庫は、奇妙にも沈黙をつづけたにちがいない。［OR: 200=331］

アメリカ革命が最後までローマを模倣できないのは、ローマの時代には創設が必ず復古として考えられていたのに対して、アメリカ革命はまったく新しい「始まり」であったからだとアーレントは言う[31]。この新しさは「伝説的な裂け目」と表現されており、「時間を連続的な流れとして考えるふつうの時間観念からは逸脱している前代未聞の思弁のなかに入り込んでいる」ほどのものだった。ローマの復古というモデルはこのような新しさの程度に対応できるものではなかったし、それについて別の形で語るような理論は生まれなかった[32]。

しかも、先述のようにこの新しさは革命を終わらせない「永続革命」を意味するのではなく、制度として定着されなければならない(33)。先に論じた評議会モデル（こちらも制度としての安定性を保てなかったとはいえ）に明らかだが、「始まりの原理」それ自体を権威として、さまざまな行為の空間が結果的にゆるやかな政治体を構成するような状態が目指されるべきと言うことができるだろう(34)。

第三に、第一のものとは微妙に異なる原因として、本書が繰り返し問題にしてきている政治と哲学の対立関係がある。これはアメリカの問題でもあるが、より広範な問題である。

> 実際、この傾向は、それ自体としては反理論的なものでもなければ、アメリカ人に特有の「心の枠組み」でもなかった。哲学と政治との敵対関係は、政治哲学によってほとんど覆われることなく、行為の人と思考の人が袂を分かって以来、つまり、ソクラテスの死以来、ずっと西欧の政治術と哲学的伝統の呪いとなっている。［OR: 306=444］

要するに、政治という永遠と比べれば束の間しか続かない人間的な領域の営み、とくにアメリカ革命によって生まれたような「新しさ」について語ることは、哲学の対象とはみなされてこなかった。なぜならそれは経験的な事実を扱うことであり、観想的な真理とは何の関係もないからである。しかし、アーレントが革命に見出すような思弁的な「新しさ」について論じようとするとき、それは経験的な語彙ではもはや語りようもないと言われる［OR: 198=328］。実際にアメリカ革命の人びとは既存の創設伝説を参照しようとして古代ローマの故事やウェルギリウスの詩を持ち出したが、それでは不十分であったのだ。ゆえに、哲学が必要なのだ。

　これらを総合してみても、アーレント革命論が新たな形で示してみせた革命の特徴の傍らにはアーレントが問題にしつづけていた政治と哲学の関係を再考しなければならないという問題がありありと浮かびあがっている。

革命論の端緒

　そもそも革命論の端緒はどこにあるのだろうか。言い換えれば、この問いは、革命論の基盤をなしている議論の枠組み——フランス革命に対する批判およびアメリカ革命に対する賞賛——がどのような問題関心において生じたか、というものである。アーレントによる当時の革命観に対する見直し要求が彼女と時代を同じくしていた共産主義体制に対する批判と社会主義革命に向けられたまなざしに起因していることは明らかだ。しかしながら、この批判や賞賛を縁取る概念的枠組みはどのようなものであっただろうか。

　我々は『革命について』がフランス革命とアメリカ革命の比較をおこない、フランス革命をパラダイム化する革命観に対してアメリカ革命を高く評価した著作であることを知っている。この著作はアーレントが革命という出来事に対して与える解釈としては第一のものとして挙げられるべきものだ。

　しかし、革命論の端緒をたどるとき、『革命について』はこれらの革命に初めて言及したものではない。たとえば、アーレントはこの著作のもとになったプリンストン大学での一九五九年の講義とシカゴ大学での一九六三年の講義のほか、「自由と政治」[35]（一九六〇年）や「革命と自由」[36]（一九六一年）などの講義草稿において、革命について論じてきた。とくにプリンストン大学のセミナーによって与えられた主題が彼女にアメリカ革命について新たに文献を集め考察をおこなわせるきっかけとなったことが、彼女からヤスパースに送られた手紙に記されている。[37]この意味で〈アメリカ革命論〉の端緒はこの講義にある。

さらに、『革命について』がおこなうある種の議論はこの講義において開始されたものではない。我々はアーレントが一九五四年三月三日から四日にかけてノートルダム大学でおこなった講義まで遡るべきである。[38]その原稿の一部は改稿され、「哲学と政治」と題されて発表されているが、この講義はもともと「フランス革命後の行為と思考の問題（The Problem of Action and Thought after the French Revolution）」という副題を持っていた。[39]

本書はこの講義をアーレントによる革命論の端緒ととらえ、これとアーレントのマルクス論に見られる問題意識とを関係づけることで、持続性の議論の枠組みを示すことにする。

アーレントがマルクス論を主とした著作を刊行することを構想していたのも、この「哲学と政治」講義と同時期のことであった。この著作の原稿として今手に入るものは一九五三年にプリンストン大学で開催されたクリスチャン・ガウス・セミナーのために準備されたもののうち、第一草稿と第二草稿である。[40]マルクスについての著作は完成しなかったが、それは結果的に『人間の条件』、『革命について』、『過去と未来の間』などの著作を準備した[41]。第二草稿の第一部に関しては『過去と未来の間』の「伝統と近代」に、ほとんどそのままの形で採用された[42]。このマルクス論の第二草稿には第一部から第五部までであるが、本節で重要なものとして扱っている「哲学と政治」講義の第四ファイル全体がその第六部であったことが佐藤和夫とウルズラ・ルッツによって推定されている[43]。このようにほとんど同時期に重なりあうように執筆されていたマルクス論と「哲学と政治」草稿はその中に革命論の端緒として重要な論点を示しているものであると推察される。

アーレントがマルクスを仔細に論じようとする動機には、マルクス主義が西洋政治思想の本流に由来するものとみなす彼女の見方があった[44]。この見方のために彼女は「マルクスに全体主義の責めを負わせることは、西欧の伝統それ自体が全体主義という巨大な新しい統治形態に必然的に帰着するのだと非難することにつながる」という指摘を見逃せないと考えていた[45]。彼女はマルクスを徹頭徹尾批判しようというのではなく、マルクスにある全体主義的な要素を探究する一方でその評価しうる点はアリストテレスまでさかのぼって西洋政治思想のために残そうという、この葛藤の下で彼女はこのマルクス論を書いた[46]。

しかし、編者の佐藤和夫が紹介するように、このマルクス論が提示する人間を「労働する動物（animal laborans）」とみなす人間観を全体主義や社会主義に結びつけて論じるという構想は、アーレントをこの人間観をどのように西洋政治思想の中に位置づけるかという関心に引き込み、この関心の広がりによってこの著作は未刊行に終わってしまった[47]。というのも、この関心の中心にある人間を「労働する動物」や制作的観点から「工作人（homo faber）」ととらえる人間観の生成過程はフランス革命や産業革命とも深く結びついていたことから彼女を「途方もない射程の問題と取り組ませることとなった」ためである(48)。

この意味で、アーレントの著作がおこなうマルクスの労働観に対する批判は、潜在的に「ヨーロッパの近代化の過程そのものへの批判」と結びついている(49)。その中でも、これらの草稿に未完結のものとして生まれたアーレントによる労働批判をはじめとする活動分析は『人間の条件』において活動の内容と古代から近代に至る変化の分析として結実したと言うことができる。それではこのマルクス論のどの部分が『革命について』の源流になったのかと問うてみるならば、それが論じていた紀元前四世紀以来の政治と哲学の関係が「自由」を解きがたい難問にしてしまったということに対する分析と批判がそれだと言ってみることができるだろう。プラトンらの自由に対する無関心は行為と思考の分断を生み、のちの革命の時代に至るまで、行為のための概念を生み出さない。行為は「もはや不滅の光を放つことのない偶然性の領域」となり、「哲学的思考に値する尊厳」を与えようとする際にも行為の自由を論じるのではなく、「理性の狡知」といった「行為する人間の背後で働く何か別の力」が必要とされた(50)。

しかし、このことの最悪の結果は、自由が「問題」になったこと、おそらく哲学的問題のなかで最も当惑させる「問題」、そして政治哲学にとっては最も解きがたい「問題」になったことだ(51)。

このように哲学にとって伝統的に難問である自由について、マルクスにおいてはそれが「あらゆる政治の究極目標は自由」と主張されることと、自由が適切な形で概念として用いられえないことの二つの理由から、アーレントはマルクスの議論に矛盾を見出している。[52]

アーレントはマルクス論として革命について語る機会を持っていた。それは、「マルクス主義的な歴史編纂」において、「過去の政治的行為の記録である歴史が真の素顔を現わすのはただ戦争と革命においてであるということ、政治的営為が直接暴力的行為でない場合にも、未来の暴力の準備か過去の暴力の結果として理解されねばならないということ」が明らかであったからだ。[53]このように歴史の真の姿を暴力としての戦争と革命に求めたマルクスについて、それは伝統の転倒、すなわち行為の中でも暴力という無言の行為によって行為を代表させることにより、哲学的な対話（speech）よりも行為（暴力）の方が真理に近いと主張するという転倒、になってしまったと言えるだろう。[54]この転倒はマルクスが抱く対話への不信感を表しており、その結果、哲学的・宗教的真理は「イデオロギー的」として退けられ、行為（暴力）が真理に近いものとされた。[55]この行為の代表を暴力とするマルクスの主張は、まさにアーレントがそれを批判して革命論を示そうという権力と暴力の混同であり、彼女の革命論は権力と暴力を切り離し、行為を暴力ではなく権力として議論を組み立てるものだった。

その一方で、革命の具体的な展開に関していえば、それに直接的に触れられることはほとんどない。具体的に触れられる「革命の人びと」はマディソンとアダムズのみであり、そこにもアメリカ革命の人びとに対する並外れた賞賛どころか少しの期待も観察されない。[56]

政治と哲学

以上の議論をふまえ、我々は次に「哲学と政治」講義に注目する。

論文として発表された部分においてはフランス革命を問題にしている箇所はほとんどなく、そこで問題とされているものが「哲学と政治の間の隔たり」である点で、それは一般的な政治との関係における哲学の見直し要求に思える。[57] この論文の中でアーレントはそれらの間の隔たりを問題にするためにプラトンとソクラテスの時代までさかのぼり、哲学者が人間の世界の煩雑な複数性を拒み、唯一であり永遠である現世を超越した世界を探求したことや、哲学的な真理と政治的な意見が対立的なものとされたことなど、『人間の条件』の最初の章で論じられているだけでなくのちの「真理と政治」[58]（一九六七年）にも登場するような議論を展開している。

しかし、改稿された論文という一片ではなく講義案全体をその草稿において振り返るとき、「哲学と政治」の導入部分では『革命について』の代表的な構図、すなわちアメリカ革命とフランス革命という「さまざまな点で互いに関係があり、数年しか隔たっていない」二つの革命の例示を用いて論述が始められていることが我々の目を引く。[59]

この講義がマルクス論と異なるのは、マルクス・ニーチェ・キルケゴールを並べその同型性を論じていたマルクス論に対して、「哲学と政治」論稿では冒頭からトクヴィルが登場し、近代の「新しい政治学（a new science of politics）[60]」の要請を論じるにあたりマルクス・ヘーゲル・トクヴィルを同類に括るということである。
このマルクス・ヘーゲル・トクヴィルに共通する点があるとすれば、彼らは近代という時代を特徴づける革命によって衝撃が与えられた世界を生き、これまでの哲学の見直しを迫られた世代であったと言うことができるだろう。
アーレントは、トクヴィルが一八三一年にアメリカに渡ったのはアメリカを知ろうというのではなくヨーロッパの今を作った出来事の意味を知るためであることを踏まえ、それでは彼の観察はヨーロッパに何をもたらそうとしたのか、ということについて考える。

今から一二〇年前、トクヴィルがアメリカを訪れたのは、見知らぬ異国への好奇心からではなく、新世界には旧世界にあるものを見ることができ、西洋文明の古い歴史の中の最新の出来事の本質的な意味を知ることができると確信していたからである[61]。

トクヴィルが見たのは「近代世界の勃興の始めであり、産業革命がこの世界を外見的にも認識できないほど変えてしまう前」の世界だが、彼は「新しい政治学」の必要を理解していたとアーレントは評価する[62]。言い換えるなら、彼はマルクスのように甚大な経済的・技術的変化を経験するのではない形で、「フランス革命やアメリカ革命、共和国の建国、境遇的平等の拡大、すなわち階級のない社会の出現」を目の当たりにし、それを理解した(63)。

彼は「近代的共和国の創設は封建的な隷属からの解放以外の何ものでもなく、本質的に古代ローマを復活させることなのだという彼と同時代の歴史家やリベラルが大切にしていた理論」を暗黙のうちに棄却した(64)。

アーレントにとってトクヴィルの見た世界は、経済的な格差の問題、労働や競争のスタイルが変わったことによって引き起こされる社会問題を目の当たりにして初めて一九世紀の人びとが気づくことになる問題について、一八世紀末に起こった出来事が原因であることを一度に理解させるものであった。そして、この近代世界の変化は、アーレントがそのマルクス論においてマルクスをとおして西洋政治思想そのものを批判しようとしていたことの根本的な動機となるもの、すなわちアーレントの批判するナチズム＝スターリニズム式全体主義の原因となるような人間観や世界観を示すものであったということである。

アーレントは、一八世紀末の経験について、思考や科学の働きによっては得られない「出来事だけが持つ取り返しのつかない種類のリアリティを獲得するということ」と述べている。それは「突如として素朴な力で人間的な事物の領域に入り込む」ものである(65)。

それ以来、誰もが変わってしまった世界に実際に住んでおり、その世界では哲学者が懸念していたように、行為が思考に対して全面的な勝利を収めていた。ゆえにそれからは思考が行為に先行するということを誰もが信じられなくなっており、それどころかヘーゲルは、行為のうちにすべてがその帰結に達し、意味が最終的に解消されるという、文化の黎明に訪れる反省的な追思考をその中に見ていた[66]。

このエピソードは、マルクス論にあったのと同じく、出来事に対する思考の追い付かなさ、思考によって行為に意味を与えるという営みの不十分さについて述べたものである。「フランス革命の衝撃の下で、つまり行為によってのみ達成される偉大さの下で、哲学者自身もはや哲学を信頼せず、完全にそれを放棄したいという誘惑にかられていたとき」、一九世紀初頭のヘーゲル、トクヴィル、マルクスの世代にとっては、哲学者の不安が最高潮に達していたと彼女は語る[67]。この現実によって与えられた激しい不安はもちろん政治哲学の見直しをさまざまな形で彼らに迫ることになるだろう。しかし、その見直しの結果もたらされたものは、アーレントにとって十分な結果を生むものではなかった。

そこで、アーレントによる近代の反省は最初に論じられていたトクヴィルまで戻り、その観察に差し戻されることになる。

彼が見たこと、学んだことは、二つの所見に集約されており、それらはアメリカについての彼の著作の中ではまったく異なる場所で述べられているが、合わせて読まれなければならないものである。彼の最初の結論は、「新しい世界のためには、新しい政治学が必要である」というもので、この文章は、あたかも彼がその大事業に乗り出したときの秘密の目的であったかのように、作品全体のほとんど最初に置かれている。第二の陳述は、同じ作品のほぼ最後に近くなってから、それに対する悲しい返事のように読まれる。「過去が未来を照らすことをやめたので、人間の心は暗闇の中をさまよっている(68)」。

第二の引用は、アーレントによって繰り返し用いられる、まさにキーフレーズであるものだ。以上のような、政治と哲学が道を分かち、行為と思考が関係を結べないことに対する批判的考察がアーレントによるマルクス論と「哲学と政治」論稿を結んでいるものであり、本書はこれを革命論の端緒とみなす。すなわち、アーレントが革命論に関心を抱いたときにはその関心はすでに政治と哲学の関係をどのように考えるかという問いと密接に結びついていたのである。思考の問題は革命の「失敗」として、そして、端緒として、存在する。

この二種類の草稿でおこなわれていたことは伝統的な哲学が「新しい政治学」の要求に応えられないことに対する批判であり、その原因となる思考の枠組みについての検討であっただろう。さらには、プラトンに始まりマルクスに終わるという「政治哲学」のアーレント史観を描いたうえで、近代における思考の失敗に対して蘇生を試みるものでもあった。

アーレントは行為と思考の関係を再考し、「新しい政治学」を構築しようとしているが、政治哲学の可能性に取り組む前に必要なのは政治と哲学の特殊な関係の理解である。

政治と哲学の関係について、「その歴史と複雑で多面的な問題の両方に関して、それらの安易な対立がある種の出来事の結果であること、行為に対する思考の先行と両者の分離が当然のことではないことを理解する」ことが必要だと、アーレントは語っている。(69)

政治哲学は、哲学者と彼が関わる特定の領域、すなわち人間事象の領域（プラトンの言葉では「ta tôn anthrôpôn pragmata」）であり人間が共に生きているかぎり人間に関係がある事柄との間の根深い対立から始まった哲学の唯一の分野である。(70)

我々は思考と行為の間にある用語上の対立に慣れきっているがそれは当然のものではなく、特定の事情や出来事によって生じたものだとアーレントは語る。(71)たとえば古代ギリシアでは永遠の世界にあるイデアを志向する哲学者が束の間の地上の生である行為を蔑むことで対立していた。アーレントがほかでも語っているように、実際にさまざまな学問が哲学に起源をもっており、そのような学問において哲学は「全人類の代弁者的存在」のようにふるまうことができたにもかかわらず、政治学との関係においてはそうでない、だからこそ政治学は哲学に好まれない「継子」として扱われるのであり、また、哲学の側も政治学と己が敵対することを知るようになる。(72)というのも、人間に関する事柄は「一時性、不安定性、相対性」を備えており、「厳密に哲学的なテーマ」の「安定性、永続性、究極性」とは対立するからである。[73]

哲学はあの手この手で政治的領域を支配しようと試みてきた。このような哲学が政治に接近するという稀有な試みは近代において挫折したと思われる。「一八世紀の革命が思考の人に与えた衝撃」は大きく、それらは「ある思想が政治的な行為によって現実化しうること、政治的な出来事に思想がおおいにレレヴァントでありうるということ」を彼らに証明してみせた。[74] これが生んだ結果というのは、何らかの理論を原理として新しい政治体を創設するということにおいては、「行為が突然思考の意味深さが比較において色あせるほど圧倒的に意味のあるものになった」という事態である。[75]

このようにアーレントが描く政治と哲学の関係史において、革命のインパクトは大きかった。ゆえに、「新しい政治学」の要請という点において、フランス革命はターニングポイントと呼べるものであり、そのうえでアーレントはアメリカ革命に注目し、対置してみせたのである。その「近代」批判において、アーレントはフランス革命後の政治哲学を例にとり、あるいはフランス革命における行為と思考の分断とその影響を分岐点にして、哲学の従来の在り方を批判し、それが政治を対象とする可能性を模索しようとしていたのであるから。

アーレントの参加民主主義論に関心があるシミュエル・レダーマンはその評議会論に注目し、アーレントによって掲げられた政治と哲学の関係を結び直すという課題の解決を評議会に求めているが、評議会という制度が終ぞ定着しなかったことそれ自体に現れている評議会の不完全さを我々は受け入れるべきだと本書は考える。[76] この不足があるかぎり「評議会システムが新たにたやすく発見されてもそのたびごとに、それが忘れられることは同じくらいたやすく、それは少なからず理論的概念化の欠如のためであった」とレダーマンにも指摘される問題が『革命について』の議論において解決を示しているとは判断できないからだ[77]。

したがって、このようなアメリカ革命論にさえ観察される持続の失敗を鑑みるならば、アーレントの「新しい政治学」の要請は評議会において叶えられたとするのではなく、『革命について』においても観察されている失敗——革命精神の喪失——のほうを理解しなければならない。『革命について』はアメリカ革命とフランス革命の差異を詳細に明示したが、「新しい政治学」の要請には応えられていない。

政治と哲学の関係を再考し「新しい政治学」を構築することが、近代の革命以降の、そしてアーレントにとっての、課題であると言える。

■注

（1）出生概念や判断論が「革命のアポリア」に応答するための結論としては不十分であることについてはいくつか指摘がある（石田『公共性への冒険』一九〇頁）。

（2）石田雅樹は『革命について』と『精神の生活』第二部「意志」の間にある差異を前者が「『始まり』と『原理』の同一性による『権威』モデルにそのアポリア解消が見出されていた」のに対し、『精神の生活』では「純粋的な『始まり』自体の政治的不可能性を強調」していると表現する（石田『公共性への冒険』一九一頁）。また、この問題に関して川崎修は「我々はアレント本人は明らかにしなかった結論をひき出さねばならない」とし、「その結論とは、共通感覚は政治的共同体の外側に、それを包摂する形で、言いかえればそれ以前に、存在しているのだということ、従って世界は、ある政治的共同体の盛衰を共にしたりするわけではないということ」であると言う（川崎「ハンナ・アレントの政治思想（三・完）」）。本書の立場は世界が潜在的に存在することに同意するが、アーレントの議論にあらわれているこの差異を政治的な共同体に対する関心の増減とはとらえておらず、常にその議論にある政治的なものの偶然性と安定性のアポリアに由来する持続性に関する関心が革命においては強化されるものと考えている。

（3）これらの描写からアーレントにとって時間性が恒常的な関心であることがみてとれる。

（4）第一六章の冒頭において語られていることだが、「自由とは何か新しいことを開始する精神的能力であるが、この新しいことは起こらないということも同じくありうる」［LM2: 195=233］。では、「自由」の出現自体も偶然性に委ねられたとして意外なことではないのだろうか。

（5）ベンハビブなど判断論にアーレントの政治理論の完成を見る議論も多いが、他方でアーレントの判断論が本当に政治的なものとして「包括的な『答え』」を示しているかということに疑問を付す論者もいる。石田はこの点に関してヴィラやベイナーが示す「疑わしさ」に同意しながら判断については部分的な論じ方に留めざるをえなかった理由としている（石田『公共性への冒険』二八〇－四頁）。

（6）アーレント『思索日記Ⅱ』二八七頁。なお、もちろん判断の議論の初出はこの記事ではない。たとえば『過去と未来の間』に収録されている「文化の危機」にも判断についての議論が登場している。判断論の変化は本研究の扱う範囲ではないが、この論稿で示されている芸術と政治の関係は「歴史の概念――古代と近代」で示された「偉大なおこないや偉大な言葉はその偉大さにおいて石や家と同じくらいに現実的であり、そこに居合わせる人すべてが見聞きしうるもの」［BPF: 52=67］という見解に対し、「政治的経験というそのまま放置すれば何の跡も残さずに生まれては過ぎ去ってゆく活動に対して、美はまさに不滅性を明示するもの」であり「言葉やおこないの束の間の偉大さは、美がそれに付与されるかぎりにおいて、世界の中で時間の推移に耐えることができる」［BPF: 215=295］と美的な要素を付け加える。そしてこの美的な要素の「制作」による付与とその判断がこの論稿では論じられており、アーレントの持続性の議論を見るうえでも興味深い判断論である。

（7）アーレントはこの暦の廃棄を「世俗的なものの再発見に応えて新しい政治哲学を打ち立てようとした近代初期の試みが放棄されてしまう時点」とさえ呼び、その残念さについて彼女は「フランス革命暦が制定一〇年後に早くも廃止され、革命が二つの無限へと延びる歴史過程のなかへといわば再統合された瞬間を思い起こしさえすればよい」と語る。「フランス革命――それは、アメリカ憲法公布とならんで近代の政治史において依然最大の出来事である――ですら、新しい歴史過程を開始させるに足る十分に独立した意味をそれ自身のうちに含んでいないことが真実と認められてしまったかのよう」［BPF: 81=108-9］と語っている。

（8）日本アーレント研究会編『アーレント読本』九九－一〇〇頁。

（9）傍点は引用者が付した。傍点を付した箇所は原文ではフランス語で表記されている。

（10）「我々の世紀〔二〇世紀〕に革命が政治の舞台に姿を見せるときにはいつでも、それらはフランス革命の経過から引き出されたイメージの中で見られ、観客によって作られた概念により把握され、歴史的必然の観点から理解される」ことが（アメリカ人によってさえ）偏った革命の学問的知見の原因であるとアーレントは観察している［OR: 46=77］。

（11）それでは以前の「革命」の意味がどのようなものであったかと言えば、「回転運動（a movement of revolving）によって何らかのすでに確立された地点に戻る」という秩序の回復の意味合いでとらえられていた［OR: 33=60］。

（12）「地上の人間の問題に用いられる場合、それはいくつかの周知の統治形態が永遠の循環を続けながら死すべき人間の世界を回転するということだけを意味した」［OR: 32=58］。

（13）志水速雄による『革命について』の邦訳はその点を反映させたものになっている。

（14）「法律は根源悪にむけられるべき罰則を持っていない。しかし、他方では（……）根源善の暴力だけが悪の堕落した力に相応すると認めているにしても、法律はこの善を罰せざるをえないのである。（……）このような絶対者が政治的領域に取り入れられるとき、すべての人は死刑を宣告される」[OR: 74=125-6]。

(15) アーレントの両革命の描写は比較のうえで極端であり、アメリカ革命に感傷の原因である社会・経済的問題がまったくなかったということは歴史的事実とは言えず、革命の後にも先にも存在していた（Nisbet, "Hannah Arendt and the American Revolution", p. 68. など）。さらに、ロバート・ニスベットは社会問題そのものよりもフランス革命とロシア革命においてはむしろ戦争の影響を考慮すべきであるとした。

(16) カノヴァン『アレント政治思想の再解釈』三五八頁（Canovan, *Hannah Arendt*, p. 281.）。

(17) 千葉『アーレントと現代』一三五頁。

(18) 千葉『アーレントと現代』一三五頁。

(19) 石田『公共性への冒険』一八〇頁。出生概念や判断論が「革命のアポリア」に応答するための結論として不十分であることについても指摘されている（石田『公共性への冒険』一九〇頁）。

(20) 石田『公共性への冒険』一八〇頁。

(21) ジャック・デリダやジョルジョ・アガンベンなどによってアーレントの政治的なものが主権を批判するにもかかわらず言語中心主義的なものであることは批判されてきたし、フェミニズム的な観点からも政治からの私的なものの排除について批判を受けている。

(22) たとえば、アーレントの物語論に注目するベンハビブはフェミニズム的な観点から家庭内という私的な場所での活動＝労働に関しても発話の契機をみとめるなど、アーレントの政治における行為概念を拒否するのではなくその物語概念の更新を可能だと考えている。また、アガンベンはアーレントのビオス概念にゾーエーを対置させるやり方について、アーレントの全体主義論とミシェル・フーコーの生政治論を批判的に受容する形で主権批判をおこない、それらを更新する国家像を描き出した。それをアーレントに依拠したうえで身体と労働を政治的なものの概念に含めようとする試みと言うこともできるだろう。

(23) Muldoon, "The Origins of Hannah Arendt's Council System", p. 763.
(24) Muldoon, "The Origins of Hannah Arendt's Council System", p. 788.
(25) Muldoon, "The Origins of Hannah Arendt's Council System", p. 788.
(26) Muldoon, "The Origins of Hannah Arendt's Council System", p. 764.
(27) Muldoon, "The Origins of Hannah Arendt's Council System", p. 764.
(28) Muldoon, "The Origins of Hannah Arendt's Council System", p. 764.
(29) この「道標（guideposts）」は『人間の条件』の「約束」の議論における「確実性の道標」との意味ありげな一致を示し、アーレントの好む表現だろうと分かる。
(30) アーレントのこの診断は William S. Carpenter, *The Development of American Political Thought* に依拠している。
(31) ローマの創設でさえローマ人から絶対的に新しい始まりと理解されてはいなかったし、彼らはそれをトロイなどそれ以前に存在していた都市国家の再興としてみなしていたため、連続と伝統の糸は一度も破られていないことになる［OR: 202=335］。
(32) 古代ローマはその始まり＝創設に権威を見出したのであり、このことはアーレントも評価するところである。しかし、他方で、このローマの始まりの概念は「最初の行為（act）でさえ、すでに復古であり、再生であり、繰り返しである」とする「re（再）」の要素を必須とするものだ［OR: 200=331］。アメリカ革命の人びとは、自身の革命を「まったく新しい始まり」と考えるかぎり、「ローマをふたたび」始めることも、「ローマのようにふたたび」始めることも、できないのである。
(33) アーレントは「ファシスト」の革命と「ボルシェビキ」の革命について、それが自由を喪失しているために支持しないだけでなく、それが永続革命であるがゆえに、つまり、新しさと安定を備えた何かを創設しようという考えを持たないがゆえに支持しないと述べている（Arendt, "Revolution and the Idea of Force", http://www.

hannaharendt.net/index.php/han/article/view/293/420（最終閲覧日：二〇一八年九月六日）。

（34）革命精神と連邦制の原理との密接な関係を証明する事例としてアーレントはハンガリー革命のさまざまな評議会を挙げている［OR: 258-9=423-4］。

（35）Arendt, "Freedom and Politics, a Lecture", pp. 220-44.

（36）Arendt, "Revolution and Freedom, a Lecture", pp. 332-54.

（37）このセミナーはロバート・パーマー（Robert R. Palmer）によって主催され、「アメリカ合衆国と革命精神」を主題としていた。また、このときアーレントは一九五八年一一月一六日にヤスパース夫妻に手紙で「アメリカ史にどっぷり浸かって、革命の概念についてのプリンストン講義の準備中」と書き送っている（ケーラー、ザーナー編『アーレント＝ヤスパース往復書簡１９２６－１９６９』第二巻、一五〇頁）。

（38）アーレントはこの講演の準備についてヤスパースに送った手紙の中で話題にしているがそこでも「主題は哲学と政治」と語っている（ケーラー、ザーナー編『アーレント＝ヤスパース往復書簡』第二巻、一一一頁）。

（39）Arendt, "Philosophy and Politics", pp. 73-103（「哲学と政治」千葉眞訳、八八－一〇〇頁）.

（40）この講義と一九五六年に開催されたシカゴ大学での「ウォールグリーン財団寄付講座」でアーレントがおこなった「活動的生（Vita Activa）」という講義が『人間の条件』のもとになったということが『人間の条件』の謝辞に示されている［HC: 327=523］。

（41）ヤング＝ブルーエル『ハンナ・アーレント伝』三七八頁（Young-Bruehl, *Hannah Arendt*）。

（42）アーレント『カール・マルクスと西欧政治思想の伝統』三三六頁。編者である佐藤和夫は解説として、この草稿群を邦訳しながら再構成する過程を紹介するとともに、これらの草稿とその後に完成するはずだった著作やすでにおこなわれた講義、その後に実際に公表・刊行された論稿との関係を示している。この草稿群を本研究では「マルクス論」と呼ぶが、邦訳については『カール・マルクスと西欧政治思想の伝統』から引用し、アメリカ議会図書館（Library of Congress）のデジタルコレクション（Hannah Arendt Papers）に公開されているデータを適宜参照している。

（43）アーレント『カール・マルクスと西欧政治思想の伝統』三三七頁。「哲学と政治」講義の草稿群もアメリカ議会図書館のデジタルコレクションに公開されている（Arendt, "Philosophy and Politics"）。アーレントのこの原稿は四つに分けられて公開されているが、本稿ではそれを順に第一ファイル（1 of 4）～第四ファイル（4 of 4）と呼ぶ。また、頁数についてはスキャンされた原稿紙面に記載されている頁番号あるいは六桁の番号でファイル内のどの草稿画像からの引用であるかを示している。

（44）アーレントは「私たち」にとってマルクスが「現代世界の境界」であるとし、政治哲学や政治学に関するかぎりにおいて彼と同等の人物はまだ誰もいないと語る。ここに「彼の弟子に劣らず彼の敵対者も含めて、すべての人が彼に依存しており、人間は機能するが、行為も思考もしない社会についての彼の概念に依存している」という問題が生じている（「哲学と政治」第一ファイル（https://www.loc.gov/item/mss1105601272/）（023390））。

（45）アーレント『カール・マルクスと西欧政治思想の伝統』九頁。

（46）アーレントのマルクス読解に注目して労働概念について論じる百木漠は「アーレントがマルクスの思想を一方的に批判しているわけではなく、マルクスの思想家としての偉大さを認めつつも、その思想内容については根本的に異議を唱えるという両義的な態度を取っている」と指摘する（百木『アーレントのマルクス』三八頁）。

（47）アーレント『カール・マルクスと西欧政治思想の伝統』三三三頁。この佐藤による解説は先述のブルーエルによる分析（注41）に同意したものである。

（48）アーレント『カール・マルクスと西欧政治思想の伝統』三三三頁。

（49）アーレント『カール・マルクスと西欧政治思想の伝統』三三三頁。

（50）アーレント『カール・マルクスと西欧政治思想の伝統』四八頁。

（51）アーレント『カール・マルクスと西欧政治思想の伝統』四八頁。この「問題」は原語では problem であり、哲学にとって自由が「難問」であることをアーレントは繰り返し論じてきた。

(52) アーレント『カール・マルクスと西欧政治思想の伝統』四九頁。
(53) アーレント『カール・マルクスと西欧政治思想の伝統』三九頁。この革命は自由ではなく必然と結びついている。たとえば、レーニンが「二〇世紀は戦争と革命の世紀である」と言う際にもそれは「歴史が頂点に達してその姿を現わす世紀になる」ということを意味していたとアーレントは語っている（『カール・マルクスと西欧政治思想の伝統』三九頁）。
(54) アーレント『カール・マルクスと西欧政治思想の伝統』四〇頁。
(55) アーレント『カール・マルクスと西欧政治思想の伝統』四〇－一頁。
(56) このマルクス論に登場する「建国の父」はマディソンとアダムズであるが、その言葉はマディソンの「我々が天使であったなら政治体を必要としないだろう」という有名な引用や、後から原稿に挿入されている、革命にあらわれた自由（「記憶された人間の行為の物語」）を「本質的に支離滅裂で反道徳的」と感じたというアダムズの例という形で用いられており、アメリカ革命論としては展開されないささやかなものである。
(57) 「哲学と政治」として発表された部分では、古代ギリシアの哲学と政治の関係について論じられ、ドクサ（臆見）がまさに政治的なものであることと、プラトン以降の哲学者がいかにこのドクサを無視したかという観想の思考様式について主に論じられている。
(58) "Truth and Politics" in BPF, pp. 223-259.「真理と政治」の初出は "Truth and Politics", *the New Yorker* (February 25, 1967), pp. 68-122.
(59) 「哲学と政治」第一ファイル（023356）。『革命について』は反対に二〇世紀の戦争と革命を導入に用いて一八世紀の革命を論じている。
(60) この言葉（「新しい政治学（a new science of politics）」）はトクヴィルの実際の表現である。トクヴィルが何を「科学」と考えていたかについてはここで論じられないが、いわゆる「ポリティカル・サイエンス」を指すのではないだろう。アーレントはこの後の議論で「新しい政治学」を政治についての哲学的な考察と同等の意味で用いている。

(61)「哲学と政治」第一ファイル（023356）と第三ファイル（https://www.loc.gov/item/mss1105601274/）（p. 1）。どちらにも同様の記述があり、第一ファイルでは「トクヴィルはとにかくフランス革命の教訓を理解しようとしてアメリカに来たのだ」とも書かれている。

(62)「哲学と政治」第一ファイル（023356）と第三ファイル（p. 1）。

(63)「哲学と政治」第一ファイル（023356）と第三ファイル（p. 1）。

(64)「哲学と政治」第一ファイル（023356）と第三ファイル（p. 1）。

(65)「哲学と政治」第三ファイル（p. 20）。

(66)「哲学と政治」第三ファイル（p. 20）。マルクス論にも同様の議論が見つけられる。

(67)「哲学と政治」第三ファイル（p. 22）。

(68)「哲学と政治」第三ファイル（p. 1）。なお、第一ファイル（023356）にも同様の部分があり、それには線で消され手書きで修正された箇所も見られるが、その内容は第三ファイルには反映されていない。

(69)「哲学と政治」第三ファイル（p. 11）。

(70)「哲学と政治」第三ファイル（p. 3）。

(71)「哲学と政治」第一ファイル（023366）。

(72)「哲学と政治」第三ファイル（p. 4）。

(73)「哲学と政治」第三ファイル（p. 4）。

(74)「哲学と政治」第一ファイル（023366）。

(75)「哲学と政治」第一ファイル（023366）。

(76) Lederman. "Philosophy, Politics and Participatory Democracy in Hannah Arendt's Political Thought", pp. 480-508. レダーマンは「近代的な政治様式の形式が哲学と政治の関係が根本的に変容する空間を提供しうるとすれば、

それはアーレントにとって評議会だった」と述べる（Lederman, "Philosophy, Politics and Participatory Democracy in Hannah Arendt's Political Thought", p. 507）。アーレントを「エリート主義」と批判する人びとに対し、彼はアーレントはがその評議会構想においてむしろ「おこなう人びと（those who do）」と「知る人びと（those who know）」の分離を乗り越えようとしていたのだ、と説得している。

(77) Lederman, "Philosophy, Politics and Participatory Democracy in Hannah Arendt's Political Thought", p. 507.

第二部

政治体を持続させる仕組みについて

第三章　「制作」の活動と芸術作品が示す世界性

第一節　不死と永遠

第三章では第一部で検討したアーレント革命論が示す「新しい政治学」の要求という視点から『人間の条件』と『革命について』の理論的な関係について再考する。

本章では、革命論から持続性という主題に移るために「制作」の活動に注目する。従来の行為中心的な世界性解釈（行為があるところに世界が生じ、政治的領域における行為の軽視が無世界性を招く）に対し、持続性という観点から制作の意義を見直す。そのことにより、アーレントの持続の試みと困難についても理解することができる。

第一部で見たように、アーレントの革命論の端緒としてある「哲学と政治」論稿は、西洋政治思想の源流の中に全体主義の萌芽を探すプロジェクトとしてのマルクス論を引き継ぎ、近代批判として哲学と政治の関係の見直しを迫るものであった。アーレントの革命論は革命が思想家たちに与えた衝撃を理解し、革命後には到底結びようがない、少なくとも新たな形が必要だ、と考えられた政治と哲学の関係を再考する試みとして始まったのである。

この政治哲学の見直し要求に際して、考慮されなければならない持続性の区別がある。それは不死性（immortality）と永遠性（eternity）である。

「ある」もの、永遠の名に値するものを追い求めていた古代ギリシアの哲学者たちは現に目前にしている政治において不死を求めることをあきらめるようになった。哲学者たちが「不死の名声（immortal fame）」とは異なる言葉で持続について考え始めたということは、それは政治体が偉大なものを記憶する任務にふさわしいとはもはや信じていなかったということであるだろう。[1] そして、哲学自体の中に「不死の他の要素、後世の記憶とは独立した自給自足の神的なものを発見した」[2]。この結果、人びとの間でおこなわれる行為も言論（speech）もかつてポリスにおいてそうであったような地位を保つことができず、どちらも意味を保持したり、真実を開示したりするのに十分ではないと考えられるようになった。

政治、すなわち人間的な事象の領域、が行為と言論という二つの方法で人間が共に生活するところに関わるかぎり、哲学者がそれから目をそらし、自分自身を不死にする（immortalizing）ための新しい、より確実だがより少ない人にしか開かれていない方法を発見することの最も宿命的な結果は、行為がそれ自体として意味を持つ能力を失うということであった。[3]

他方、ローマ人たちは行為や言論にもう少し可能性を感じていたようにアーレントは描いている。ローマの歴史の中では「一つの出来事が民族の歴史のすべての意味を含んでいる」と思われており、ローマの礎は最初から永遠に続くものとされていた。[4] ここに、ギリシア人とは異なる方法ではあるものの、私たちが政治と呼ぶものを「人間が不死に参加するための方法と見なす態度」が観察されている。[5]

ローマの宗教の礎は「新しい囲炉裏と家のための基礎を築くという、巨大でほとんど超人的な創設の努力（tantae molis erat Romanam condere gentem）を神聖化すること」であり、宗教的奉仕と政治的活動はほとんど同一のものであったとアーレントは語る。[6] しかし、革命の人びとや革命を経た一九世紀の人びとがローマの経験を参照していてさえも、この偉大で基本的に新しい政治的経験からも「新しい政治学」が生まれなかったということは既知のことである。

アーレントの世界性の議論の中心には第一の批判対象として観想の優位が存在している。当然このとき批判されている観想とは、アーレントが政治を理解しようとするときにおこない、また、それによって政治をさまざまに刷新することを試みていた思考の総体ではない。アーレントは伝統的な観想的哲学を批判し、新たな哲学の在り方を模索し、新しいやり方で政治と哲学の関係を結ぶことを求めていたのである。

革命論の端緒として我々が見てきた、近代批判という形で展開される行為と思考の関係の再検討は、もちろん『人間の条件』にも『革命について』にも影響を与えている。ゆえにこそ、『人間の条件』という著作は観想的な生活から活動的な生活を区別するものであり、さらにこの活動的な生活の内部を三つに区別し、それらが労働・制作・行為であると分析する。

『人間の条件』は労働と制作と行為の組み合わせによって人間の活動的な生を描き出す。このためにこれらの活動を対比的に見ようとする我々は、行為を政治的な活動としてその性格を吟味するときには、すなわち、それを制作と対比し、労働と対比する形でとらえてきた。このために制作や労働はいずれも人間の生を構成する不可欠な活動であるとはみとめられているものの、行為を差し置いてその政治性に注目されるはずのないものとなった。

『人間の条件』がおこなった基本的な活動の区別を確認することから始めたい。

アーレントは労働、制作、行為、それぞれの活動の基本的な性格について以下のように述べている。

労働は、個体の生存のみならず、種の生命をも保障する。制作とその生産物である人間の工作物は、死すべき生命の虚しさと人間的時間のはかない性格に一定の永続性と耐久性を与える。行為は、それが政治体を創設し維持することができるかぎりは、記憶の条件、つまり、歴史の条件を作り出す。見知らぬ人として世界に生まれてくる新参者の繰り返される到来を予見し、それらを考慮に入れ、それらのために世界を与え保持する任務を担うかぎり、労働と制作は、行為と同様

に、出生に根差している。［HC: 8-9=21］

『人間の条件』の序文からこの著作の企図をとらえようとするとき、この著作でアーレントが試みているのは「私たちがおこなっていることを考えること」に限定される［HC: 5=16］。近代からアーレントの生きる現代にいたるまで、活動的な生への哲学的蔑視というものがあった。これを批判して『人間の条件』は我々が世界の中でさまざまな条件から完全に逃れることはできず、それに対応しながら生きているということについて記述した。ドイツ語版タイトルである「活動的生（Vita activa oder vom tätigen Leben）」、英語版タイトルである「人間の条件（The Human Condition）」という二つの語からも明らかであるように、アーレントはこの著作でいきいきと活動的な生の性格を描く。ひとからげに見下げられていたこの「生」が地上において人間を取り巻くさまざまな条件に対応するものであり、また、それらからはけっして逃れられないことを示してみせる。

　では、それらの活動同士は均等に距離を開けているのだろうか。人間の活動を分類する基準が労働と観想の組み合わせと制作と行為の組み合わせの間にあるということを示すもののひとつには、本書で観察を続けている「哲学と政治」講義を準備するメモがある。

　一九五三年一〇月の『思索日記』を見ると、アーレントはさまざまな人間の活動を挙げて、複数性と単独性の対立、そして生誕と可死性の対立をキーワードに分類をおこない、表を作成している。(7) つまり複数性かつ生誕か、単独性かつ可死性のどちらかに能力や性質は分類されることになるのだが、このとき本書にとって注目されるべきことがらは、複数の活動の中で労働だけが「単独性かつ可死性」の側に分類され、行為だけではなく制作や思考も「複数性かつ生誕」の側に分類されていることである。行為は共存する他者との言語を用いた交流である点で「孤（ひとり）」の要素とは無関係であるから複数性と結びついているのは当たり前のことだが、思考や制作はなぜそう分類できるのか。それらは人から離れておこなわれるとアーレントは語っていたではないか、と当然の感想を抱くだろう。

この理由を知るには思考や制作が人と離れておこなわれることがどのように性格づけられているかを見ることが重要である。たとえば同じ記述で、思考の「孤独（solitude）」は「人類とともにある自己」とされ、制作の「孤絶（isolation）」は「人間の所産と共にある自己」と解釈されている[8]。そして、こうした解釈は『全体主義の起源』において与えられた「孤立（loneliness）」に対置される孤独と孤絶の分類とも一致している[9]。

このメモの中で、労働だけは、自身の生命を含む物質の代謝と「他者を承認しない単独性」（神の孤独）をもつものであり、この活動には「リアリティまたは共通感覚の喪失」があるとして分類されている。このような労働に対する批判的な態度は『人間の条件』にも容易に見つけられ、一貫したものと言える。労働という活動は、生命の必要を満たすものである以上あらゆる生物がこの活動を逃れることはできないものだが、その必要を超えてその価値が描き出されることはない。

以上のように、制作や思考を行為よりも上位に位置づけることが批判されているとしても、基本的にそれらは複数性の側にあるべき活動であり、言い換えれば、孤独や孤絶という状況は複数性という人間の条件と切り離されて存在するものではないし、また、そうなってはならないものとしてアーレントに理解されている。この接続を可能にしているものは世界と無世界の相違に由来しており、この接続はその活動に同時に関わる人間の多寡ではなく、複数の人間が現に暮らしている世界に関わることができるという意味であるだろう。制作は世界に背を向け、思考は世界から退くが、世界と無関係ではいられない。

では、労働は人が暮らしている只中でおこなわれるのになぜ世界に関わることができないのか。『人間の条件』の中から労働批判の根拠を二つ挙げることができる。

第一に、その活動が自然的な必要に仕えるものであることだ。それは人間が必然的に縛られている条件に応え生命の支えとなるものでありはするが、非自然的な人間が独自に作る世界とは関係を結べないことにより、結果として自然的な環境に埋没してしまう。

第二に、労働はこのような非世界的な性格から政治とはほとんど関係のない活動であるにもかかわらず、近代という時代においては、その価値観を礎に支配的なパラダイムが築かれ、これがまさに全体主義を招く準備をするようなものになったということがある。

世界との関わりの少なさは時間的な観点からも説明することができる。つまり、労働の世界への関わり方はほんのわずかな時間のものでしかないのだと言える。

時間性の観点から見るとき、労働は生まれるごとに消えてなくなるか、あるいは循環しつづけるサイクルとしてそこにありつづけることしかできない。延々と生まれては食われ、生じては消え、世界の中に位置づけられてその一部になることもかなわず消耗しつづける、そうしたものが労働である。しかしながら、長い目で見ればほんのわずかな時間しか生きない人間が何をしようとも、何を作ろうとも、たいした時間を生き延びるものではない。世界の外側にある永遠を志向しつづける哲学は地上の生の持続性をそれ以外のものとして省みず、それを束の間の生という労働の時間性によってしかとらえることができなかった。

観想と地上の生の対比のうちにその活動を眺めるとき、労働は特別の位置を占めることになる。それは地上にあり、束の間のものであるがゆえにこそ世界に永続性たりうるものを見出せない。この世界に価値をおけないという点で観想と労働とは価値観を共有しているのだ。アーレントのマルクス論および「哲学と政治」論稿が描いてきたのは、先ほど挙げた第二の点、すなわち労働の価値観が台頭して非世界的なパラダイムが生み出される背景には、そもそも活動的な生と対置される観想的な生の価値観に対する偏重が関わっている、ということだ。

この時間性という観点からなされる観想および労働に対する一連の批判はアーレントの議論の形而上学的なスケールを示すばかりでなく、当然のことながら政治的なものだ。

それは、マルクス論や「哲学と政治」の主題であった、哲学が近代の変化に応えて政治を対象とし、新たな政治哲学を生むことができない原因のひとつになっているからである。

というのも、永遠という至上の持続性に関心を持つ思考様式からすれば、国家や政治体、あるいはそこでおこなわれることが労働よりは多少長く耐久するとしても、永遠に比べればひとときのものごとにすぎず、活動的な生の中で持続の長短をあえて区別する必要を感じないからだ。

しかし、行為・制作・労働と思考の世界性について考えるときに重要であり、比べるべきものは持続に関する時間性なのである。活動と従来の哲学の間に線を引き、さらに、労働とそれ以外の間に線を引くことを可能にするのは時間性による区別であり、そこに観察されるべきものは、永遠という持続性のもとで結びついた観想と労働の時間についてのものの見方である。

このように持続性の観点から『人間の条件』を再評価する場合、この著作が第一に、観想的な生（vita contemplativa）との対比において活動的な生（vita activa）の全体を分析し、分類することを目的としていることに注目すべきである。『人間の条件』は先行研究によって行為という活動的な生のうちの一つの活動を労働や制作というほかの活動と比較し、行為に特別な価値を与えたものとして評価を受けてきた。しかし、この見方は「始まり」の概念を中心に据えてアーレントを解釈してきたことと無関係ではない。観想の永遠と活動の不死を対比させる視点から、労働・制作・行為の三つの活動について、活動的な生に対する無関心の原因となった観想的な生との関係について見るとするならば、この再検討によって、アーレントが『人間の条件』を観想的な生に対比される活動的な生を評価しようとして書いたのだということが分かる。

さらに、この観点から見れば、『人間の条件』について、持続性の観点から再評価をおこなうことができ、この基準によって、人間の活動の組分けの様相も変化するだろう。実際のところ、アーレントの活動分類は三対三の構図（労働・制作・行為／思考・意志・判断）に完結するものではなかったのかもしれない。たとえば、アーレントは『思索日記』に残された一九五三年九月のメモでは、Arbeit（労働すること）、Herstellen（制作すること）、Handeln（行為すること）、Denken（思考すること）、Lieben（愛すること）を五種類の「複数性の変形としての基本的な人間の活動」として分類している。[10]

アーレントが刷新してみせた政治的な生（vita activa）を構成する人間の地上の活動は行為であり精神の活動は判断だと一般に目されてきた。それはもちろん、これらの能力が、アーレントが政治という事象をとらえるうえでもっとも重要だと考えていた複数性という条件によって成り立つものであるからにほかならない。しかし、『人間の条件』の観想批判が示しているのは、行為だけでなく労働や制作をも含んでいる活動的な生というものが十分に分析されずにいたのは、古代より観想的な生に至上の価値を置き、永遠には持続しない束の間の人間の生の領域にあるものを蔑むパラダイムを近代もそのままに保持したということに対する告発である。したがって、ステレオタイプにとらえられたアーレントの政治が、複数性という条件をじかに持つものではない制作、労働や思考、意志というはかの人間の活動の価値観からは逃れてあるべきものだ、と言えてしまうならば、それは永遠と不死の時間性の対立という論点を見落としているからだ、ということになる。

まず、制作の政治性について再評価をおこない、次に、具体的に政治的なものの持続に寄与する制作の活動内容を見る。ここで再評価と言うのは、これまで制作は解釈者によって政治的な活動から除外されてきたためである。しかし、これまでの議論を踏まえ、制作は政治的な意義を持ちうるということが十分に予測されていると言える。

第二章で見たように、アーレントには政治と哲学の関係を構築し直すという目的があり、『人間の条件』においては活動全体を観察し直すことを試みていた。それは哲学者による永遠の世界に対する憧れのために、また、翻って永遠に比べれば地上の生はすべて儚いがゆえに、近代に支配的な価値観が注目してこなかった地上の生に目を向ける、ということを意味している。したがって、たしかにアーレントは行為という活動を高く評価しているとはいえ、それは地上の生の中で行為だけを別格の独立した地位に置こうということではない。人間の活動はさまざまな関係のうちにあるのであり、その中で人間がどのように永遠ではなく不死を叶えようとし、それを目標としうるかをアーレントは見ようとしていたと言ってよいだろう。しかし、それは部分的なものであるだろう。制作に反政治的な性格がみとめられていることも事実だからだ。我々はこの点について整理をおこなう必要がある。

アーレントの持続性の議論において、その持続の時間性を不死として人間の世界にそれを与えることは重要な課題である。そして、革命の展開をテロルに導かずに維持するためには政治的なものに「際限」を与えることが必要である。これらのふたつの要求に応えうる活動は制作である。

制作の再評価は、地上の生活において政治的なものの持続を省みるという観点からおこなわれうる。「始まり」に対して制作は関与しえない（それどころか制作者による「始まり」に対するアプローチは暴力的で反政治的でさえある）が、持続性という観点から見るとき、制作は政治的なものに貢献しうるようである。制作は地上の世界を作るということに関わる活動であり、また、時間の経過に耐えうるものを生み出すことができる。制作という活動の第一の特徴は耐久性にみとめられる。

そもそも、行為という活動の「儚さ」という不備を補うために制作が必要であることは指摘されてきた。[11] 行為の結果に記憶という耐久性を与えうるのは制作であるし、まさに比喩的にも行為の場（テーブル）を用意するためには制作の活動が必要になるからである。[12]

このように行為と制作の間では耐久性に違いがみとめられ、さらに、アーレントの労働・制作観はアドリアーノ・ティルゲルの議論を踏襲しているが、制作と労働の相違までもが耐久性という観点から説明されることになる。[13] 実際のところは、制作の成果と労働の成果をその耐久性によって区別しようということには限界があることも、さらにはアーレントのマルクスに対する批判——労働と制作の耐久性の違いを見逃したためにそれらを区別しそこねたというもの——がマルクスの誤読に基づいていることも指摘されている。[14] しかし、少なくとも制作という活動の特徴が耐久性にあることは周知されていると言ってよい。

第二節　制作と世界性—法

それでは制作によって維持が試みられ、耐久性が与えられるのは何に対してだろうか。

それをもちろん政治的なものと一概に呼んでしまうこともできるだろうが、より適切な形を求めるならば「世界」に対して耐久性が与えられると表現するべきだろう。

我々が今確認すべきことは、アーレントの議論における政治的なものの持続性について解明することはアーレントの世界性（worldliness）の議論の解釈に属するということだ。[15]

維持されるべき世界とは何であろうか。石田雅樹は世界に対して与えられたアーレント自身による定義を簡潔にまとめることに成功している。それは、

（i）自然界ではなく人工的に建設された空間を基盤とし、

（ii）私と異なる他者と共有されるものという意味でリアリティの次元を構成し、

（iii）死すべき人間の一生を超えて存続し続ける

というものである。[16]

この定義に過不足はないが、多種の活動、多種の政治現象との関係によってそのいずれの項目が強調されるか、また、どのようにその形成や維持が具体的に構想されるかにおいて、論者によって描かれる世界像にさまざまな違いが見られることにも目を向けなければならない。

政治的な空間を形づくるという点で、政治的な活動の基盤をなす第一のものは法であると言えるだろう。『人間の条件』において法作成は「前政治的（pre-political）」なものと位置づけられているが、それが世界の持続のための議論であるならばアーレントの政治理論にとって重要な議論であると言うべきである。「政治は人間というよりも、人間と人間の間に生起し、人間を超えて持続する世界についてのものである」とアーレントは語っている。[17]

法を中心にそれがどのように政治的なものに「際限」を与えるのかについて、そしてそれによってもたらされる持続性と政治の関係がどのようなものであるかについて考察する。
近年、アーレントと法という問題系に注目が集まっている。[18]たとえばクリスティアン・フォルクはアーレントによる法の議論について、アーレントが国民国家の没落を「法の支配」の没落として描いていたこと、法の支配の回復のために彼女は法と政治と秩序が三つ組となる立憲主義を、あくまでも法と政治が脱ヒエラルキー的に関係を結ぶポスト主権的なやり方で再構築しようとしたことを描いた。[19]彼女の議論は伝統的な合理性がそうであるように法と政治を二元的にとらえることはせず、それに代わって「その中で活動的で活発な市民が行為することができる公的な空間を作り上げる能力から派生する法概念という合理性」を求める。[20]
さらに彼らが示したのは、彼女の法の見方は彼女の世界観に重なるということだ。
ケイス・ブリーンは「ギリシアとローマの法概念にアーレントは法と主権者の命令の同一視を回避する発想を見ており、そしてこのことはそれらが、彼女〔アーレント〕が全政治生活にとっての基礎と見ている『共通世界』の二つの特徴を反映し、また、それらをもたらすものである」と語る。[21]
この点に関して、我々が法と制作の関係をとらえるうえで「際限のなさ」を防いでいると言えるのは、制作が世界の壁、言い換えれば「際限」を形成することができるからだ。制作は自然の世界と区別された人工的な世界を作り出し、可死的なものに人間の一生を超えた永続性を与えるという活動である。法によって行為のための空間を建設し、可死的な政治体に人間の一生を超えた永続性を与えるとすれば、それは制作と呼べるに違いない。

さらに、このような制作によって作り出される持続性と無関係ではない、法に関する世界性の議論は、アーレントの最初の政治的な関心、全体主義批判と密接に結びついている。

『全体主義の起源』を振り返るとき、たとえばその第三巻において世界とはどのようなものとして描かれていただろうか。アーレントはこの著作の中で、「共同生活の中に新しい人間の誕生が持ちこまれる」たびに「一つの新しい始まり、一つの新しい自由、一つの新しい世界が始まる」と言う［EUTH3:957=280］。この新しい始まりを法律という垣が囲い、それと同時にこの始まりに対してその自由を保障してやり、その中でのみ自由が現実化するような空間を作ってやる。そうすることで法律は不可予言的で絶対的に新しいものがその可能性を発揮することを保障すると同時に、すべての個の始まりを超えて継続する共同の世界が先行して実在することをも保障する。すなわち、すべての新しいものの源を自分の内側に取り込み、それによって養われる一つのリアリティを保障するのだ［EUTH3: 957=280］。アーレントの初期の法の議論では、このように始まりを法によって囲み、保護するというイメージが語られている。(22)

他方で、実定法という意味での法律は、制作の精神、あるいは「鉋をかければ木くずが落ちる」の精神でおこなわれる行動においてはまったく無用なものとなる［EUTH3: 957=280］。実定法というものは人間の生活の継続性を保障しながらも人間がもたらす自由によってたえず揺り動かされるものであり、それが自動的なプロセスと相性が悪いことは当たり前なのだ。

『全体主義の起源』第二巻における法の議論は『人間の条件』と同じく、地球上や歴史上のあらゆる条件から人間が解放されようとしているという問題を見据えていたものだった。つまり、アーレントは国家という枠組みから解放された人権について語るために、あるいはそのうえでこそ、一八世紀に「歴史から自己を解放」し、二〇世紀に「自然から人間を解放」した我々は、「人間の本質はそれらのカテゴリによってはもはや把握できない」という意味で、歴史からも自然からも無縁の存在になってしまったということをアーレントは告発する［EUTH2: 617=284］。

全体主義的な支配は行為の空間を破壊し、行為を不可能にするが、この空間の破壊は法の破壊とその代わりに打ち立てられるものによっておこなわれる。歴史からも自然からも解放された状況下に生じる全体主義はあまりにもたやすいやり方で、「あるがままの人間たちを暴力によってテロルの鉄の枷の中に押しこみ、そして行為の空間、それだけが自由の実際の姿であるのだが、を消滅させてしまう」［EUTH3: 958=281］。全体主義の支配の本質をなすものは「孤立（Verlassenheit, loneliness）」――すなわち、世界からも他の人びとからもそして自分自身からさえも見捨てられていること――人びとの間に生じるべき、共有された世界の喪失である［EUTH3: 977=299］。この意味においても、彼女の政治的なものの概念を支えているものは世界という概念であり、それは法によって維持されており、その持続が政治的な課題であったと言える。

世界概念として描かれた法の議論、法によって行為のための空間を建設するということは、『人間の条件』における制作の概念と密接な関係を有していると言えるだろう。まさに、『人間の条件』においてアーレントが描き出す法の性格は古代ギリシア的なものであった。

古代ギリシアにおいて、法的な共同体＝ノモスは人が作り上げる「境界」であり、「立法と建築とが同じカテゴリに属していた」〔HC: 195=314〕。この法のとらえ方によれば、立法とはある人間集団が人工的な世界を作り上げるという制作的な営みなのである。(23) それは人びとが行為を始める前に確保されるべき「都市を取り囲む城壁の如きもの」であり、そうであるならば、ポリスの外側にいる人びととの間には政治を不可能にしてしまうだろう〔HC: 194=314〕。

アーレントはポリスという形で共生する人びとの生活が「もっともはかない人間の活動である行為と言論と、最低限有形であるがもっとも束の間の人の作った『産物』、すなわちそれらが生み出したおこないと物語とを不滅のものにする」〔HC: 197-8=318-9〕と言うが、それは行為がおこなわれるたびにそこに「ポリス」が生じるということを意味しているのではない。それは、行為という営みがポリスとして持続しうるということを意味するのではなく、法によって創設されたポリスに支えられてそれらが記憶されるということを意味している。

このようにノモスは物語とも密接に結びついている。アーレントは公的空間が「ポリスの城壁や法の垣根のような安定した保護物なしには、行為と言論が続いている瞬間だけしか存続できない」〔HC: 198=319〕と語っているが、この「壁」こそ人間の言葉やおこないの記憶を保証してくれるものだ。したがって、政治的共同体そのものを新しい世代へと受け継がせ、それが生き延びることを可能にすることは法の役割である。このような人工物、人為のものとしての法の在り方はそれが作られるものだというだけでなく政治的な領域に耐久性を与えるという点でも制作的と言えるだろう。

しかし、このように政治的な空間の形成と維持に関与する法作成は「前政治的」なものとされる。法のような制作は『人間の条件』においてはその真髄を行為とするとされる政治的なものと明確に区別されており、政治的な議論にとっては先に準備されてあるものとなっている。ゆえに、『人間の条件』で法による持続性は主題にはなりえない。そして実際の影響として、近年までアーレントの法的な議論については際立った研究の対象となってこなかった。

その結果、『人間の条件』に基づく場合に制作論は実際にそれが持つ重要さに比べれば軽く、いわば後景に退いたように、我々の目には映ることになる。

しかし、『全体主義の起源』においても、『人間の条件』においても、人間が政治的領域として思考すべきである世界性の維持は行為だけの問題ではなかった。すでに確認したように、たとえば『全体主義の起源』第二巻において、アーレントは全体主義を招いた国民国家の没落を法の没落という形で描き出す[24]。アーレントは法について、新しい始まりを保護し、そのための空間を作り、そうした自由を維持するものとして描いた[25]。このときアーレントは法を、政治的なものの可能性を保障し、さらには共通世界の持続を保障するものとして評価しているのだ［EUTH3: 957=280］。したがって、なし遂げたことを記憶するために政治的にも求められるべき法による空間的保護は制作的な成果であり、行為それ自体によっては維持しえないということが分かるだろう。

法作成の議論に加えて、制作の政治的なものに対する関与として、政治的な事象に対してそれが持続性を保つために必要な形を与えることも制作の役割として挙げられる。

このような制作の活動に可能なおこないは「物化（reification）」と表現される。「物化」はその出来事を他者に認識可能にさせるという意味で、物事に対して客観性を付与することである。客観的であるということは単純に触れるものになっているということではなく、人間の内心に侵入しなければ分からないもの（親密なもの）でも世界の外側に超越的にあるもの（永遠なるイデア）でもないということだ。「行為されたもの」や「制作されたもの」は外に現れているという現象性において共通するが、この「物化」によって与えられる持続の程度においてこそ、制作の産物である使用対象や芸術作品だけが、消耗品としての消費財あるいは行為の所産からは区別されることになる。

第三節　制作と世界性──芸術作品

制作はどのような持続性に関わり、それは具体的にはどのような制作物のことを指しているだろうか。本項目では芸術作品という制作物が担う役割を強調したい。

アーレントは芸術作品を「もっとも世界的なもの」と呼ぶ。彼女がそうするのは、芸術作品が世界内の現象であるのと同時に、不朽の持続性を持っているからである。(26)

制作と世界性が深く係わりを持つということはすでに法においても確認したが、芸術作品はその不死性によって世界性の最たるものを示している並外れたものとされる。

世界の安定性は芸術の永続性の中で透明になったようである。そしてその結果、不死性——魂や生命の不死性ではなく、死すべき人間の手によって達成されたある不死なるものの不死性——が触知的に現れ、光り輝いては見え、音を発しては聞かれ、語っては読まれるものになったかのようである。[HC: 168=264-5]

芸術作品の評価は『人間の条件』にも見られる議論ではあるが、より積極的かつ論旨が明瞭な議論がなされているものは「文化の危機[27]」(一九六〇年)という論稿であるだろう。何か理想を目指して作り上げられる制作ならびに芸術の価値観それ自体を目的としたとき、それと行為の価値観は本来対立的なものではないかと言われるかもしれない。しかし、アーレントは「芸術の制作からその産物、つまり世界の中にその地位を見つけなければならない事物そのものに目を向けるとき、政治家と芸術家をそれぞれ別の活動様式へと振り分けるこの軋轢はもはや当てはまらない」と述べ、芸術と政治に共通する要素を「両者がともに公的世界の現象である」こととしている[BPF: 214-5=295]。

アーレントは「公的芸術」としてとくに建築を評価する。それは、国家あるいは政治共同体によって作られるということを意味しない。

彼女が挙げている例はカテドラルである。礼拝などに用いられる建造物としては、この共同体の必要に仕えるものだが、「丹念に作り上げられたその美は共同体の必要からはけっして説明されえないものである」とアーレントは言う［BPF: 205=281］。むしろその美は一切の必要を超越し、この美のためにこそカテドラルは幾世紀にもわたって存続してきたのだ、と。その一方で、カテドラルという作品の性格はたまたま宗教的であるけれども、その美はけっして世界を超越することはない。宗教的、彼岸的な内容や関心を、宗教芸術の美として感覚でとらえうるリアリティへと変換して我々に示してみせているものがカテドラルである。このようにカテドラルは触知可能なものであるという点で客観的に世界内にあると言ってよく、この意味で世界の外側に存在するものを「世界性をもつ現前（worldly presence）へと変形する」というのが宗教芸術の特徴とも言える［BPF: 205=281］。

アーレントはこの論稿で大衆文化を主題としているのだが、世界性と持続性の概念を中心としているという点が彼女の文化論を十分に特徴づけていると言えるだろう。アーレントにとって、「娯楽（entertainment）」は人びとに関わる「生命の現象」であり、非耐久的なものだが、「文化」は事物（objects）に関わる「世界の現象」であり、耐久性をその定義に含んでいる［BPF: 204=280］。このような区別をおこなうアーレントにとって大衆文化はそれが「文化」としてみとめられないなどの形でそれ自体の性格に欠陥が見出されるべきものではなく（アーレントは大衆の楽しみを自分も楽しめるということを否定したがるふるまいには「まったくの偽善か社会的な俗物性」と批判的である［BPF: 203=278］）、「社会の生命過程（life process）」により文化的な事物が「消費され」、「食いつくされ」、「破壊される」ことのほうが危険視されるべきものである［BPF: 204=279］。

この点に関して「文化の危機」の論理展開は『人間の条件』の労働と制作を区別しようとする議論とまったく同じである。生命過程は消費されて持続しないが、人工物は死すべきものの住まいとなり、使われる程度の耐久性をもつ。さらに、生命よりは持続するが次第に消耗してしまう一般的な人工物に対して、芸術作品の耐久性は「不死」に値するほど優れていると彼女は評価する。

しかし、人工物と芸術作品の関係については、生命過程と人工物の関係とは異なり、この二つのものは別ものとみなされるのではない。アーレントは「芸術作品の永続性の中に人工物の安定性が自身の表象を獲得する」ようなものだと語り、人工物も潜在的にはこの芸術作品が与えることのできる耐久性を有しているということを示唆する［HC: 167-8=264］。

芸術作品は社会の生命過程の中でいかなる機能も果たすことなく、美というその特徴のために世界の中に長くとどまるという最高の持続性を備えている。言い換えれば、芸術は世界の中に位置づけられるが、有用性、機能性から評価されるものではない。実際に、「文化の危機」の中では制作の性質とされている世界性と有用性は対立的な性格として論じられている。文化は「世界の現象」であり「生命の現象」であるべきものでないが、生命の現象としてとらえられるというのは「社会の生命過程のたんなる機能」として扱われるということだ。たとえばカテドラルならば「社会の宗教的必要」、絵画ならば「画家個人の自己表現の必要」、観客はそれらを「自己完成の欲望」のために眺めるという見方を芸術とは無縁の新しい「偏見」としてアーレントは退ける［BPF: 205=280-1］。つまり、アーレントのこの表現に注目するかぎりにおいて、何某の営みが有用性を性質とせず、世界性を性質とするということを根拠に「しかじかは制作的であるが政治的な現象である」と言うことが可能であるということだ[28]。

以上のように、制作の政治性は維持されるべき世界との関係によって示される。制作について、『人間の条件』で「芸術作品はそのすぐれた永続性のためにすべての触知できる物の中で最も際立って世界的である」［HC: 168=264］と語られることにはこのような理由づけがあった。さらに、このように客観的な形で存在するということは制作された事物は思考や判断の対象にもなりうるということでもある[29]。「文化の危機」論は「判断についてのアーレントの最も完全な説明」とべイナーが呼んだものである[30]。判断の活動はもともと、このような「制作されたもの」を見てそこに現れている美醜を正確に判別できる能力として議論されていた。

そこで、もっと政治的な現象に近づいてみよう。アーレントは「政治的経験というそのまま放置すれば何の跡も残さずに生まれては過ぎ去ってゆく活動に対して、美はまさに不滅性を明示するもの」であり「言葉やおこないの束の間の偉大さは、美がそれに付与されるかぎりにおいて、世界の中で時間の推移に耐えることができる」［BPF: 215=295］と言う。

アーレントはキケロの議論を引き、「美が評価の尺度である現れの世界を慈しみ気遣うことを託せるほど十分に修練され教養をつんだ精神」が芸術家と行為者の抗争を調停するとさえ述べる［BPF: 215=296］。この意味で、美的によいものは政治的にも優れており、美の尺度は政治的である。事物の中で芸術作品のみが現れを唯一の目的として作られたものであり、現れを判断すべき適切な基準が使用価値の反対物としての美であるということが、それを可能にするのだ［BPF: 207=283］。

このように、芸術作品は制作的な主題としてその世界性と持続性との関係において公的なものとして見られなければならないものであり、また、制作的なものが示す政治的意義の一例である。

しかし、本書がこのように主張するとしても、アーレントの議論において制作が政治にふさわしくない活動様式であるとも位置づけられていることは認めなければならない。

たとえばアーレントは歴史的必然の議論——特定の目的に向かって政治体・政治過程を「制作」しようとするような近代の政治思想の特徴——を退けている。(31) このアーレントによる批判を受け継ぐならば、アーレント研究が制作という活動による政治的領域の支配に批判的であり、この活動に政治的な視点から注目してこなかったことは当然であると言えるだろう。

このような事情から本章が整理のために提案するのは、制作がどのような点で政治的であり、どのような点で反政治的であるかについて区別を明確にするということだ。

制作が反政治的な活動とされてきたのは、ほとんどの場合、その手段目的図式が政治と相いれないものとされているためだ。つまり、制作と違って政治は何かを目的としておこなわれるものではない、あまつさえ何かを実現するための手段としてあるものではない、ということのためであっただろう。他方、持続性という観点から見るとき、制作という活動によって生まれるものは世界内ですぐれた耐久性を持つためには重要ということになる。制作は定義的にも、実際的にも、世界性と多大に関わりをもつ活動であり、そのために一概に政治に関わりのない活動としてしまうことは大きな見落としを生む。制作的なもののすべてを非政治的としてしまうことはその役割の単純な看過にすぎないのだ。我々は、活動の条件による区別、活動の様式による区別、活動の産物による区別という三つの観点から、制作をいずれの点において政治的な活動であると言えるか考えることができる。『人間の条件』は三つの活動の区別をさまざまな基準によっておこなっている。それならば、『思索日記』においては制作・思考・行為が同じカテゴリに分類されたように、そもそも、活動をどの視点から分類し、どのような目的から比較するかによって、その評価、あるいはとくに見られるべき性格は変化するにちがいない。

まず、活動的な生を分類するための三つの活動を定義するには、この地上に暮らしていることから生じるそれぞれの条件――どのような地上的な条件に人間が制限を受けながら暮らしているかという ことを描き、その条件に対応するためにどのような特徴が示されるか、という観点――から分類することが可能である。

この基準に従う場合に、活動の分類は以下のようである。

第一に、労働は、人間の肉体の生物的な過程に対応する活動である［HC: 7=19］。すなわち、人間は飲み食いや排せつをしなければ生きてゆけないし、性的な営みをしなければ子孫が残らないという人間の限界に応じて、そのようにするというものである。

第二に、制作は、人間という存在の非自然的な性質に対応する活動である［HC: 7=19］。すなわち、人間が何の手も加えられていない自然のただ中では生きてゆけないという限界に従うものである。このために、人間は自然とは別に人間のための世界を「作る」ことになる。

第三に、行為は、人間の複数性という条件に対応する活動である［HC: 7=20］。すなわち、人間がたった一個の人間としてのみ生まれ、暮らし、そして死ぬということはありえないという限界に従うものである。このために他者との間に生じるものが行為であり、誰かの思いどおりにはできないというものである。

これらの定義は人間がこの地上で生きていくうえで生じる限界を見据えたものであり、きわめて簡潔である。だが、アーレントはそれぞれの活動を見る中でさまざまな性格づけをおこなっているから、ほかの視点から活動を定義することも可能だろう。

次に、様式という観点からなされる活動の区別がある。これについては端的に属性的な区別と、実際の活動の様子を観察して分かるような区別が示されている。

活動の様式の相違として、まず、それぞれの活動に携わる人数の違いが重要な要素となっている。労働や制作と行為を隔てるものとしてあるのは孤独（solitude）・孤絶（isolation）・孤立（loneliness）と複数（plurality）という人数によって区別された条件の違いである。これは世界との関わり方の相違とも言うことができる。労働は無世界的な活動であるため、日々消耗しつづける労働者は真の意味でほかの人間との関わりをもたない孤立の状態である。また、物を作るときには世界に背を向けて作業にいそしむ必要があるため、制作者は孤絶（isolation）の状態である。これは黙々と作業をする職人からイメージを得たものだが、アーレントの時代分析によれば知識人の活動も制作になってしまったと観察されている［HC: 5=15］。それは、労働社会においてすべてが生計を立てるための活動とみなされるなかでは、知識人や文筆家の仕事は（賃労働ではないという自負を保っていたにせよ世の中に語りかけることもできずに）世の中から背を向ける必要があるためということだ。さらに、活動的生の三分類には含まれないが、思考の活動は孤独の状態でなされるとされている。思考の際には世界から退引して自己内の対話をおこなう必要がある。

アーレントはこのように一人でいることをもさまざまに区別しているが、これらの活動に対して、行為は複数性を条件にしていると語る。

> 行為は、制作とちがって、独居においてはまったく不可能である。独居にあるということは行為の能力が奪われていることにひとしい。行為と言論がおこなわれるためには、その周囲に他人がいなければならない。これは物を制作するためには、その周囲に材料を供給する自然がなければならず、完成品を置くための世界がなければならないのと同じである。［HC: 188=304］

ゆえに様式に注目するとき、行為だけは必ず複数の人間の間でおこなわれるという特徴を持っている。

次に、活動様式の実際の運用においてもそれらの活動の性格は異なっている。

労働の活動様式は循環しつづける生産と消費の図式である。労働の特徴はその過程性にあり、終わりを持たない自動的なサイクルとして生命と生計を維持する。それはより高次の目的を持たず、意図的な決定や人間的に意味のある目的の範囲外にある［HC: 105-6=187-8］。このアーレントの定義により実際に労働について職種の例を挙げてみようとする際には注意が必要だろう。現代の我々にとっても各々の職務を生計のためととらえることは一般的だが、アーレントは大統領など公務を担うような特殊な職業についてさえ生活のための「賃労働」という自己認識があることに懐疑的である［HC: 5=15］。また、後述するようにその内容から制作や行為に分類されるべき職業もあるのだから、アーレントのいう意味で労働と呼ぶことができるものは日ごとのサービスや土地の耕作などの絶えず労働していなければその場で失われてしまう職務に限定されるであろう（もっとも職業従事者が己の職務を単に生計のためととらえるならばそれは労働と呼ばれるべきなのであるが）。

これに対して、制作の活動様式は終わりのある手段と目的の図式である。それがなぜ手段と目的という形になるかといえば、何かを作ろうとするときには必ず、先んじて何かを意図して始まり、何かを作り上げて目的を達成するものであるからだ。そのことを如実に示しているのは、制作には必ずモデルが必要であるという事実である。モデルは実際に実体として存在する場合もあればイメージとしてしか存在しない場合もあるだろうが、制作という活動にあたって何を作ろうとしているかということが先んじて分からないということはありえない。

また、制作という活動は必ず完成という形で終わりを迎えることができる。労働の産物は生じてものちには解体され再び循環のサイクルにのみ込まれてゆくのだが、制作の場合にはその完成の後に解体され、元の場所に戻るという仕組みにはなっていない。もちろん使い古されて捨てられるということはあるとしても、である。

最後に行為の活動は他者に対して相互に現れるという図式である。行為は主に言葉を用いるが、人びとは行為と言論によって「自分が誰であるかを示し、そのユニークな人格的アイデンティティを積極的に明らかにして」人間世界に姿を現す［HC: 179=291］。このようにすでにある何かに対して新しい己自身を示すということが行為の活動様式である。

先行研究によって『人間の条件』が取り扱われるとき、制作に対する批判をもとに政治的なものの存り方について論じられることも多いが、その理由となっているものが手段目的図式である。目的のための有益な使用を求めるこの活動様式は、制作を少なくとも非政治的あるいは反政治的な活動として見るときに根拠とされてきたものである。たとえば、木から机を、さらには卵からオムレツを作るときのように、人間や世界の完成形を目指してその材料となるものを破壊することは政治においてはゆるされないと考えられてきた[32]。

この手段目的図式は生産や消費の効率を求めて――すなわち労働的に――政治にあてはめられてきたものではない。木や卵が消費財のように使われてしまうときにどのようにそれを集め育てるかという側面（つまり国家のリソースとして国民をみなす考え）があり、国家は実際に国民をそのように扱ってきたのだが、手段目的図式の根本的な問題は、なぜ机やオムレツになると先んじて想定されているのか、というところにある。要するに、問題はそれ自体目的であるものを手段化する（もちろんこの理由だけでも政治の活動様式としてはふさわしくない）だけでなく、目的でないものを目的に置き換えることにある。

　この目的でないものとは意味である。「意味および有意味性が目的へと転化させられてしまう」ために歴史家の態度と制作者の態度が結びつくことは危険であるとアーレントは語る〔BPF: 78=104〕。たとえばマルクスの「歴史を作る」試みは、ホッブズらの「目的や目標を指示し、合理的な行為の目的論を打ち立てることに哲学の務めはある」〔BPF: 76-7=101〕という主張を受け継ぎ、「行為者にとって未知、不可知である『より高次の目的』を計画的・意図的な目的へと転換する」〔BPF: 78=104〕が、この態度の一致は危険なものになる。

　制作の活動様式に従うかぎり、政治体および政治的なものは何らかの目的に向かわなければならない。この点で制作の活動様式を政治の活動様式とすることはできない。それは労働がたとえ生活上必要なものであっても、その生産と消費のサイクルに基づいて政治をおこなえないことと同様である。これに対して、行為は有意味性という指標を持つことで、この制作に特有の目的をもって作られたものがまた手段となる以外の世界の見方を示すとアーレントは述べる〔HC: 155=247-8〕。この転換は「何かのために」ではなく「それ自体のために」何かをおこなうことを可能にする。反対に、目的手段図式を用いつづけるかぎり、行為の事後的にしか理解しえない意味を、行為に先立つ目的とすり替えてしまうだけでなく、目的が手段ととりちがえられて一切を手段化してしまう危険すらある。[33]

以上のように、我々はアーレントによる活動の区別について、条件と様式という観点から見てきたが、最後に残された区別は産物によるものである。我々は活動の結果として何が生み出されるのか――産物――について比較する。

生産されるものはただちに消費されてしまい、そのために労働の産物は持続性をもたない。そのかわりに、この「過程」自体を労働の生み出したものとして無限につづけてゆくことができる。ゆえに、労働の産物は、個体および種の生命を保障することができる。

娯楽と文化の違いについて先述したが、この持続性の有無が労働の産物と制作の産物の違いとなっている。さらに、労働の産物が消費されるのに対し、制作の産物は使用される。消費と使用を分けるものも持続性の程度であり、制作されたものは少なくとも「財産となるのに必要な耐久性」と「交換市場に入るのに必要な価値」を持っている［HC: 136=223］(34)。

この耐久性に関して、制作は行為という活動の不備を補いうる。アーレントは「古典経済学の理論家たち」が、純粋な有用性や有益性に仕事の生産性を求めていたわけではなく、耐久性を生む制作の能力に生産性を求めていたと述べ、耐久性の重要性を強調している。

人間のおこないは、記憶にとどめられることがないかぎり、地上で最も虚しく最も移ろいやすい営みである。行為は、その活動そのものを超えて存続することはできず、それだけでは、制作者の生命を超えて存続する日常の有用物が備える程度の永続性ですら高望みであり、ましてや、世

紀を超えて我々に語りかける芸術作品が備える永続性には及ぶべくもない。［BPF: 84=113］

　事物に耐久性を与えることこそが制作の役割だが、ありふれた物が常に永続的となることはない。芸術作品ではない普通の物の耐久性は「すべての物のうちでもっとも世界的なもの、すなわち芸術作品がもちうる永続性のかすかな反映にすぎない」のだ［HC: 172=271］。

　アーレントが制作の中でも芸術という特殊な様式に対して有益性よりも耐久性を性格として認めていたことはその事実だけでも注目に値するだろう。しかしながら、産物にとくに注目するときには、それはアーレントの制作についての観察が手段目的図式に政治が支配された「近代」に対する批判とは異なった様相を見せることとの観察にもなる。

　産物に注目するとき、簡潔な定義においても制作の特徴は有益性ではなく持続のための耐久性になっていることが分かる。また、有益性と有意味性を比較した際には非政治性と政治性を分ける点になっていたものが、耐久性と有意味性の間には補い合う関係が生じていることが分かる。つまり、制作とその工作物は「死すべき生命の虚しさと人間的時間のはかない性格に一定の永続性と耐久件を与え」、行為は、複数の人間の中に現れ、あるいは、それを目撃することで、「記憶の条件、すなわち歴史の条件を作り出す」［HC: 8=21］。

　具体的に制作にカテゴライズされる活動は物質としてある机づくりから、より抽象的な法などの作成までさまざまであるが、制作的なものはこのような持続性の追求にあるといえよう。

我々は制作が意図や目的をもって始まること、制作という活動は制作過程の外側にイデア（先にあり、後に残る）を持つことを知っている。この特徴は、語ることであり現実を変革することのできる言語（政治的）と過去の栄光を示し記憶するための言語（制作的）を区別するための根拠となりうる。たしかに制作は保存のためにあるという意味では現実に影響をおよぼさない。しかし、そのように保存したものを世界の中に示すという営み――そしてこの営みは公的なものである――が制作のものであるとすれば、それはやはり政治に関わるものでありうるだろう。そしてそれらが制作によって示されなければその世界に残っていないという意味で、それは世界にとって行為の産物と同様に変革であり、維持であるようなものなのである。

以上のことから分かるのは、その産物という観点から評価されるとき、制作は政治的なものの持続に寄与し、そのために政治的な意義を持ちうるということである。そして、制作に与えられた役割を非常に大きなものにするのは、行為や世界の「人間の一生を超える」という願望であり、そのために可死的なものを保存する制作の活動は役に立つものである。

このように、行為の結果と制作の産物の組み合わせは世界性の維持を可能にする。

行為にとって、芸術作品は「偉業や達成を称賛し、ある特異な出来事を変形させ、圧縮することでその出来事の完全な意味を伝える」［HC: 187=303］という並外れたものである。ただし、制作は行為を保存するが行為をそのままの形で世界の中に留めることはできない。それは必ず物（記念碑や文書、書き留められた物語）とならなければ長くこの世に残らない。

> 労働する動物が労働を和らげ、苦痛を取り除くために工作人の助けを必要とし、また死すべき人間が地上に住家を樹立するのにも工作人の助けを必要とするとすれば、行為し語る人びとは、最高の能力をもつ工作人の助力、すなわち、芸術家、詩人、歴史編纂者、記念碑建設者、作家の助力を必要とする。なぜならそれらの助力なしには、彼らの活動力の産物、彼らが演じ、語る物語は、けっして生き残らないからである[35]。［HC: 173=273］

アーレントはこの物化を支払われるべき「代償（price）」という語を用いて理解している［HC: 95=150］。この程度によっても制作物の中でも行為に対するふさわしさを論じることが可能であるし、あるいは、より政治的な制作物、より非政治的な制作物の区別もありうる。

たとえば、アーレントは小説と建築物について以下のように論じている。

> 一八世紀半ばから一九世紀のほとんど三分の二程度まで、詩と音楽が驚くほど花開き、それにともなって、唯一の完全に社会的な芸術形式である小説が勃興した。ところが、それと同時に、多くの公的芸術、とくに建築が、やはり同じように驚くほど衰退した。このことは社会的なものと親密なものとの密接な関係を十分に証言している。［HC: 39=62］

これはフランス革命前後の時代の変化を示している。この小説に対する苦情らしいものが混じる描写は、ルソーとロマン主義者による親密なものの重視およびそれに付随してとめどなく内心からあふれ出る感傷に対する非難でもある。

アーレントの大衆文化論でも彼女は持続の可能性によって文化をとりまく状況を診断しようとしていたが、これらの彼女の恒常的な関心は『人間の条件』においても『革命について』においてもおこなわれていた公私の領域的区別をなくしてしまう「社会的なもの」に対する批判と結びついている。

ゆえに、行為も制作もその目標は「人間の一生を超える」ことであるが、その程度において世界の中に「際限」をもたらすべきである。そして、そのことは可能である。そうであるとすれば、制作は何を政治のためにおこなっているか。制作の活動は政治の活動領域を定め、あるいはその記憶を保存して公的領域の「壁」を守り、「際限のなさ」を防いでいるものであると言うことができる。

行為と言論は、世界の中でも「行為の網の目と他人の言葉に取り囲まれ、そのような行為の網の目や他人の言葉と絶えず接触している」[HC: 188=305]。それに対して制作物は、たしかに制作者が孤絶（isolation）をその作業の要件とするにもかかわらず、「世界に取り囲まれ、世界と絶えず接触している」[HC: 188=304-5]。

それは、制作の条件からも理解できることだ。それは「人間という存在の非自然的な性質に対応する活動」であったが、このように人間のための世界を作り上げる制作の産物の特徴は永続性・安定性・耐久性にあり、この活動は世界性の維持に大きく貢献している。

制作は、すべての自然的な環境とははっきりと別のものである、物の「人工的な」世界を作り出す。そうした世界の境界線の内部でそれぞれ個々の生命は安住するのであるが、一方で、この世界そのものはそれら個々の生命を超えて永続するようにできている。［HC: 7=19-20］

第四節　制作の評価

以上のことから、制作の第一の仕事は「死すべき生命の虚しさと人間的時間のはかない性格に一定の永続性と耐久性を与える」ことであるということの意味がよく理解された。

本章において、我々は法と芸術作品という実際に政治的な意義をもつ二つの制作的なものを紹介し、次に、制作の政治性と非政治性に関する区別の基準を整理した。さらに、制作の政治性を理解するうえで重要な特徴は世界性と持続性であった。これらの整理から、制作の産物は十分に政治的であること、また、その役割はほかの活動では代替不可能であることを理解した。

我々は主に活動様式による区別に基づくことで、制作を非政治的どころか反政治的な活動とみなし、制作の政治的な役割に十分に注目してこなかった。むしろ我々はアーレントの議論に依拠する際には制作が政治的な領域に及ぼす暴力性を常に警戒してきたのだ。しかし、アーレントの議論をよく見ると、実際のところ、彼女の議論は制作という活動が過大どころかけっして適切な評価を受けてきたものではないということを示していると分かる。

　このことはアーレントのマルクス論と『人間の条件』に明らかである。労働と制作が適切に区別されなかった原因は「ギリシア以来の伝統」までさかのぼることができる。

> 我々の伝統がもともとギリシア哲学においてなされた発見にどれほどもとづいているか、それがとくに現われているのは、この伝統において制作と労働とを区別しそこなったという失敗にある。この失敗は単純に、その区別がギリシアの政治生活の一般的な態度にも哲学の概念にも予示されていないことによるものだ。というのも、前者では、制作を単なる労働であるかのように軽蔑する傾向があったし、後者では、イデアという点からむしろ工作・ポイエーシス poiesis に関心を示し、そのため労働をあたかも制作であるかのように解釈する傾向があったからである。[36]

この労働と制作の混同については、『人間の条件』にも同様の指摘が見つけられる。

> ギリシア人は、このように労働を軽蔑していたが、それとは別に、職人に対して、というよりは、むしろ工作人（homo faber）のメンタリティに対して不信感を抱いていた。（……）人間の活動力に対する古代人の評価は、いずれも、欲求が必要とする肉体労働は奴隷的なものであるという確

信にもとづいている。だから、労働によらない職業であっても、自分のためでなく生命の必要物を提供するために営まれる職業は、やはり労働と同じものだと見られたのだ。［HC: 82-3=136-7］

アーレントの『人間の条件』における行為の賛美は古代ギリシアを事例として用いるが、制作という活動は古代ギリシアにおいても適切に区別され評価されていたものではない。たしかに古代ギリシアの哲学は制作を人間の活動様式のモデルとすることに専念してきたように見える。プラトンに関して言えば、彼はまさに制作用の「モデル」に範をとってイデア論を構想したという点で政治の制作的理解の発端を担ったと言える。[37] しかし、観想はあくまでも天上の永遠性を志向するもので地上の制作物を称えるために働くのではない。

このことについてより理解するために、マルクス論のさらなる記述を見ることにしよう。「古典古代」において制作がその価値を特別にはみとめられなかったのは、活動の分類より重要な私的領域と公的領域の区別が活動の分類を前もって支配していたからである。すなわち、古代ギリシアの人びとによって制作が労働と共に軽蔑される理由には、人間の活動を「ギリシアの公的政治的領域の枠組み」から見るときに、ものの制作や労働は純粋な行為の形式、すなわち「誰もが不死性を獲得するために自分が本質的に誰なのかを見せようと」する公的領域の外側でおこなわれるものだった、ということが挙げられる。[38] さらに、制作においては「その意味が結果の産物にあって営みそれ自体ではない」ために、政治的な生活とは無関係とされ、無関係という点において制作と労働が同類に括られたのである[39]。

さらに言えば、この混同の原因には、ギリシア人が労働にも制作にも結びついている肉体的労力を過剰に意識する、その「労働にだけ関係するカテゴリによって制作（work）や工作（fabrication）を解釈する傾向」も影響している。つまり、この場合には観想の優位のためだけでなく、行為の価値が高くみとめられていたことも制作の意義喪失に貢献していたと言える。古代ギリシアにおいて生命のための徒労としか見られない労働に対する軽蔑は非常に大きいものであり、彼らが行為を適切に評価しえたのさえこの侮蔑の結果であった[40]。

古代ギリシア哲学がたどった道のりでは、この徒労的な労働に対する嫌悪を反転させた憧れは、制作の産物ではなく、それよりもさらに長持ちする永遠に関わる真理に向かうことになる。そしてこの観想的な志向性はそれまでは価値がみとめられていた公的領域における活動とその他のものの序列をも均してしまうことになる。労働や制作はおろか行為でさえも「観想的な真理」の前には一様に「必要の次元に属する」と見られるということだ[41]。

さらに、そのことは思わぬ副産物を生んだ。アーレントの「歴史の概念——古代と近代」（一九五八年）は、制作のイメージで行為を解釈しようとする試みがどのように生まれたか、ということを論じている。彼女は近代の歴史概念を考察し、「近代の歴史概念が一八世紀も六、七〇年代になって突如として生じたのはなぜか、また、純粋に政治的な思考への関心がそれに伴って衰えたのはなぜかという問い」について考える［BPF: 77=102］[42]。

近代において、歴史を「偶然の集積ではなく過程としてとらえる」という新しい歴史概念が発見され、このことが歴史と政治とが混同された原因とされている［BPF: 79=105］。

このような新しい歴史概念の過程的なとらえ方は行為にふさわしく、また、際限のない偶然性というパラドクシカルな必然の前提条件に政治を委ねない点で人間らしく永続する不死性に寄与しうるものに見える。しかしながら、それは行為の視点から見られるのではなく、制作的な手段目的図式に回収されることになった。「新しい政治学」の必要に気づいていた者たちはこの歴史概念の変化にも気づいているのだが、この過程を行為に結びつけて論じる理解とは別の方法を選び、この過程にどうにかして目的を見出そうと躍起になっていたのである。

> 歴史は、近代の解釈では何よりも過程とされたことによって、人間の行為との独特でしかも人間を鼓舞するような親和性を示すことになった。というのも実際、行為は、人間の他のすべての活動様式とは対照的に、何よりもまず過程を開始させることを本質とするからである。（……）自然科学にせよ歴史科学にせよ、近代の科学にきわめて特徴的なのは過程の観念にほかならないが、おそらくその観念の源泉は、行為の根本的な経験にあったはずである。（……）少なくともこの歴史概念は、近代が望まざるをえないにもかかわらず、そこで行為する人びとがもはや後代の人びとに要求しようともしなかったあの地上の不死性を、過去の出来事に分かち与えたのであった。
> ［BPF：85-6=114-5］

実際には、この「過程」は行為についての思考の新たな形式を生むのではなく、むしろ「歴史的必然」の着想に帰結し、アーレントの制作に対する批判的な態度を決定づけた。

このように、政治的な領域における持続性の問題はさらなる課題を含んでいる。

しかしながら、我々が論じてきたように制作の政治性と非政治性の具合、そして制作と行為のパワーバランスは微妙なものであり、本書はアーレントの企図に制作の再評価が含まれているとしてこの活動の意義を検討すべきであると考えている。『人間の条件』を読むとき、行為だけではなく制作についても適切に評価されていた時代はほとんどないことに我々は気づくべきだっただろう。もしそうしていたならば、制作も行為と同様にアーレントの議論に基づいてその活動の意義の見直しが活発におこなわれていたかもしれない。

そして、制作の再評価は持続性の議論にとって有用なことである。

本章の最後に、制作という活動の評価についてまとめておこう。制作という活動は手段目的図式による政治的な領域の支配のみを論点として持つものではなかった。その特徴の最たるものは耐久性にあり、それは行為の領域である公的空間に「際限」を与えうるもので、その産物は政治的なものの持続に貢献することで世界性の維持にも寄与する。そして今まで見てきたように、これらの意義はいつの時代にも特別なものとして取りざたされることが行為とは異なる理由のために少なく、曖昧さのうちに放置されていたのである。

アーレントによっても『人間の条件』の分類において、耐久性、持続性がみとめられているのは制作の活動であるにもかかわらず、制作を一般的には政治的な活動とはみとめてこなかった。このこだわりの根拠は、制作過程が手段目的図式を持たざるをえないこと、必然的に孤絶した（isolated）環境での営為であること、「明確な始まりと明確で予見できる終わり」をもつことなどにあった［HC: 143=233］。しかしながら、アーレントの制作に対する批判の要点はすべてその活動様式に起因するものであり、制作の条件や産物を見るときそれは世界を作り出す活動であるという点で世界性と大きな関係を持っていた。したがって、制作の活動様式を政治の活動様式とすることはできないが、制作は政治にとって必要な活動であり、制作物の政治的性格についても分析するかいのあるものであると分かる。

■注

（1）「哲学と政治」第三ファイル（p. 10）。
（2）「哲学と政治」第三ファイル（p. 10）。
（3）「哲学と政治」第三ファイル（pp. 11-2）。「in and by itself」となっているのは「in and of itself」の誤りか。
（4）「哲学と政治」第一ファイル（023365）。
（5）「哲学と政治」第一ファイル（023365）。
（6）「哲学と政治」第三ファイル（p. 10）。

（7）アーレント『思索日記Ⅱ』一五－六頁。

（8）「isolation」に与えられた「孤絶」という訳語は、中山元『アーレント入門』にならい、採用したものである。

（9）OT, pp. 474-7（『全体主義の起原』第三巻、三一八－二二頁）.『全体主義の起源』五一年版の「イデオロギーとテロル」章でもアーレントは「孤立（loneliness））」が人びとの日常的な経験となっていたことを全体主義の原因として描き出し、共通世界との関係を断たれた「孤立」の性格を「孤独（solitude）」や「孤絶（isolation）」から区別している。

（10）アーレント『思索日記Ⅱ』一二三頁。訳語の確認のために Arendt, *Denktagebuch 1950-1973*, p. 459. も参照した。

（11）本研究は work を「制作」と訳したが、アーレントは英語の labor と work、ドイツ語の Arbeiten と Herstellen、ギリシア語の ponein と ergazesthai と列挙し、「『労働（labor）』に相当する語だけが苦痛や困難という明らかな意味をもっている」と指摘する［HC: 80=198］。この点を日本語について考えてみるならば、「労働」と「仕事」の差異として表現するほうがふさわしいにちがいない。そして、明確な境界線を見定めるのは難しくとも、慣習的にそれらの語が違いをもっているということは確かなことであり、アーレントがその点に着目したことは妥当と思われる。

（12）制作が政治的なものに対して貢献をすること自体はそれだけを取り出して議論されることは少ないが、既知のものである。たとえば百木は行為に必要なテーブルと椅子を準備すること、おこなわれた行為を作品化することという二点において制作に耐久的な政治の舞台を作り出し、維持するという政治的意義を認める必要を主張している（百木『アーレントのマルクス』三〇五－一二頁）。さらに百木は、百木「アーレント『政治における嘘』論から考える公文書問題」一九〇－八頁においても、制作をポスト・トゥルース的状況に対抗するためにも重要と考えている。百木は制作が作り出す書物、公文書、芸術作品などのモノが議論のために必要な共通基盤としての事実を保つととらえ、ここでも制作を対話と議論のための土台を作り出すものとして「事実への根拠を与えてくれるのは、有形なモノの集積である」と制作の世界構築性を再評価の根拠とする（百木「アーレント『政治における嘘』論から考える公文書問題」一〇五頁）。

（13）百木『アーレントのマルクス』八六－七頁。

（14）百木『アーレントのマルクス』一〇〇－一頁。また、耐久性という点に関して、時間性のうえで人間の生を超えて世界に残るものを作ることができるのが制作の活動である。だが、この制作の特徴は行為のとりわけ「不可予言性」と対立的なものであり、制作的な価値観が政治の場を支配するとすれば、新しいものを生じさせるというアーレントが政治に求める役割にとって障害になってしまう。他にシーン・セイヤーズがアーレントの労働と制作の区別について批判的に論じている。Sayers, "Creative Activity and Alienation in Hegel and Marx", pp. 107-28, "The Concept of Labor: Marx and His Critics", pp. 431-54. を参照。セイヤーズはアーレントの仕事と労働の区別に異議を唱え、主に労働が物質的な産物を伴うとはかぎらない点（少なくともそれはマルクスの労働の定義ではないこと）やサービス産業も物質性や客観性を必ず備えていることを指摘し、批判している（Sayers, "The Concept of Labor", p. 447）。

（15）世界性の概念はアーレントの主要な概念のうちでも大きなカテゴリであり、現象学的な解釈はそれを主題に含めているものの、いまだ十分に精査されてきたとは言えない。本研究も世界性に注目しているが、その全貌を明らかにしようというものではない。

（16）石田『公共性への冒険』二六二頁。

（17）Arendt, *The Promise of Politics*, p. 175.

（18）近年のアーレントの法論に対する注目の成果のひとつとして代表的なものが Marco Goldoni and Christopher McCorkindale(eds.), *Hannah Arendt and the Law*. である。また、このような法論への注目傾向を受けて書かれた邦語論文として毛利「アレント理論における法」一〇五－一一八頁や和田「ハンナ・アーレントの法概念」二九八－三二八頁が挙げられる。

（19）Volk, "From Nomos to Lex", p. 778.

(20) Volk, "From Nomos to Lex", p. 779.
(21) Breen, "Law beyond Command? An Evaluation of Arendt's Understanding of Law", p. 20.
(22)「実定法としての法律はすべて、人間の行動がそのなかで絶えず動き、そして絶えず新しい運動をひきおこしている変転が常である人間状況、逃れることのできない人事の有為転変を安定させる要因なのである」[EUTH3: 949=273]。これに対し、全体主義的な法律は変化を安定させるべく働くのではなく、むしろこの運動に内在する掟を運動法則として人事と一致させ、そのために人事をたえまない変化に引き込むものである。
(23) 古代ギリシア人の政治観においては、立法者は政治的な領域の外部に存在する「職人か建築家」のようなもので、外国から招来されることもあった。「ギリシア人の意見では、法作成者というのは、都市の城壁の建設者に似ており、政治が始まる以前に仕事にとりかかり、政治が始まる以前にその仕事を終えていなければならなかった」[HC: 194=314]。
(24) Volk, "From Nomos to Lex", p. 777.
(25) 統一的かつ公的な行為と態度の基準を権力者にも市民にも与えることによってはじめて国家形式を活動させる法の原理をモンテスキューが必要としたのは、古代人の下した定義から借りてきたような意味での国家形式の本質は、それ自体として固定的で不動であり、つまりすべての行動に一定の限界を設けはするが、行動を誘い出し鼓舞するものではないからだ[EUTH3: 960=282-3]。
(26)「もっとも世界的なもの」という表現は[HC: 172=271]に見られる。
(27) "The Crisis in Culture: Its Social and Its Political Significance", in BPF, pp. 194-222. 初出は"Society and Culture", *Daedalus*, vol. 32, no. 2, 1960, pp. 278-87.
(28) 有用性を価値とする「技術」とそれにとらわれない「芸術」を対照的に論じることは珍しいことではないが、「制作」の中にはそれほど対照的なものの両者が含まれていることに注目したい。このことが「制作」の性格を一義的に考えることを難しくするからだ。

（29）思考の対象としての文学についてはスザンナ・ゴットリーブ（Arendt, *Reflections on Literature and Culture*, Susannah Young-ah Gottlieb(ed.) の序章において）やベレニス・ルヴェ（Levet, « *Le musée imaginaire d'Hannah Arendt* », Paris: Stock, 2011）らが論じている。アーレントの議論で繰り返されているものに「芸術作品に先立って思考がある」ということがあるが、文学を思考の対象とするということは、そうした思考との思考的交感でもあるだろう。

（30）Beiner, "Hannah Arendt on Jugement", p. 102.

（31）一七世紀に生じた新しい政治哲学の企てとして「新しく発見された制作の特質を人間事象の領域に応用する試み」があった［HC: 300=471］。それは「私が作ろうとするものだけが現実的である」という考えを有しているものである［HC: 300=471］。しかし、そうした制作のロジックは行為の営みに伴われる予期せぬ出来事に耐ええないとアーレントは語る。

（32）この比喩はアーレント自身によって用いられた比喩である。アーレントは「卵を割らずしてオムレツをつくることはできない」ということわざをたびたび批判的に用いている。それは全体主義下での自己目的化（「オムレツをつくらずして卵を割ることはできない」）や制作的な政治の手段目的図式の説明に使われているものだ。

（33）アーレント「歴史の概念」にも同様の記述がある［BPF: 78-9=104-5］。

（34）アーレントはそれぞれジョン・ロックとアダム・スミスの議論を参照している。

（35）傍点は引用者による。傍点を付した箇所は原語ではラテン語で表記されている。

（36）アーレント『カール・マルクスと西欧政治思想の伝統』二五五頁。原文では work と fabrication という語が用いられている。本研究では work を「制作」と訳しているため、fabrication を「工作」と訳す。

（37）「このモデルやイメージの永続性の特質は、永遠のイデアというプラトンの説に強い影響力を与えた。周知のように、彼の教義は、イデアあるいはエイドス（「形」あるいは「形式」）という言葉に霊感を得ている」［HC 142=231-2］。

(38) アーレント『カール・マルクスと西欧政治思想の伝統』二五四頁。
(39) アーレント『カール・マルクスと西欧政治思想の伝統』二五四頁。
(40) アーレントは労働に対する蔑視的な態度を強調している(『カール・マルクスと西欧政治思想の伝統』二五八－九頁)。
(41)「政治理論の勃興とともに、哲学者たちは、かろうじて区別されていたさまざまな活動のこのような相違さえ、すべての種類の活動に観想を対置することによって無効にした。それによって、政治的な活動でさえ必要の次元にまで均され、それ以後は必要が活動的生に含まれるすべての区別に共通する公分母になった」[HC: 85=138-9]。
(42) "The Concept of History", pp. 41-90. このエッセイ「歴史の概念」は一九五八年に *Review of Politics* に掲載された("The Modern Concept of History", *The Review of Politics*, vol. 20, no. 4, pp. 570-90.)。

第四章　アメリカ革命における実践

第四章では、持続の問題について引き続き論じる。アーレントがアメリカ革命において何が達成され、何が達成されていないと見ていたのか、『革命について』を中心に検討する。

第一節　『革命について』における意見の問題

人びとの複数性と秩序の安定性の間で生じてきた問題を、アーレントは以下のように考察している。複数性こそが公的領域（アーレントにとっては人びとが行為して相互に現れる「現れの空間（space of appearance）」である）の要件であるにもかかわらず、プラトン以来、伝統的に哲学者たちは人間の複数性を嫌い、それがデモクラシー、とくに直接民主制について論じるものであっても、人間の意志というものを単数としてとらえることによって政治理論を構築してきた［HC: 220=349］。人間の複数性は「行為による災い（calamities）」がそのために起こるものであり、秩序の不安定性の原因とされてきたものだ［HC: 220=349］。

複数性に向けられる否定的なまなざしが一人支配の要求に向かうのは分かりやすいが、アーレントは多数支配であるデモクラシーにおいてもそれが「一体となった多数者」による支配であるかぎり、複数性を排除しようと試みているものであると指摘している［HC: 221=349］。

人びとが複数性を嫌ったことによる第一の帰結は、公的領域からの市民の追放である。共同体の内部を支配者層と被支配者層に分かち、支配者だけが公的な事柄を担う資格を持ち、被支配者は私的な物事に専念しなければならないという仕組みは、政治哲学の始まり以来ありふれたものである。さらに、プラトンが警戒していた古代デモクラシーにおいても活動の種類によってではなく関わる人の身分や性別等を基準に私的領域と公的領域が分けられていたのだから、こうした区別は常に存在してきたものとも言えるだろう。それをプラトンはより少数の資格あるものに任せようとしたのである。

さらに、この伝統的な支配者と被支配者の区別について注意すべき点は、この仕組みを成り立たせているものが支配者の権力欲ではなく行為に対する疑念であるということだ［HC: 220=349］。行為と行為がそれから切り離されては生じえない複数性とがもっている予測不可能性、コントロールしがたさ、あるいは「作者」の名前が喧伝されないという性格、不和や不一致は常に警戒され、政治から取り除こうと苦慮されてきたものであった。

プラトン以来提唱されているこの支配すべきものと支配されるべきものの役割分担は権力というも

のとらえ方にさまざまな影響を与えているとアーレントは指摘している。たとえば、権力が一方から他方に対する支配や暴力として理解されることになるというのもそうした影響に含まれるが、それだけではなく、アーレントはプラトン哲学を解説して、彼の思想においては知ることと行為することがそれぞれ別の階層が担うものとして理解されており、それを始める人（「なすべきことを知っているが自分ではおこなわない者」）とそれを成し遂げる人（「行為するがなすべきことを知らない者」）が別の人物であるという考え方につながっている［HC: 223=352］。プラトン哲学以来の伝統が作り上げたのは、知る者であれ力をもつ者であれ支配者がそうではない被支配者を使役して何かを完成に導くことを政治としてとらえる考え方であっただろう。

第二の帰結は、行為を中心におこなわれるべき政治が制作の活動およびその思考様式に支配されたということである。第一の帰結として、知る人が何かを始め、行為する人を使役してそれを成し遂げさせるということがあったが、これはまさに行為ではなく制作の考え方（完成させるべきイメージを得ることとそれを実際に作り上げることとは別の行程である）を踏襲するものである。さらに、制作の思考様式をとるかぎり、政治には制作過程に用いられるような何かを手段として目的をかなえようとする手段目的図式や有用性に基づく判断、あるいは暴力も入りこむことになる。そのうえで、政治の内部で人間が手段とされるだけでなく、政治そのものが何かを達成するための手段とされる。

このように、政治秩序の安定を希求するがゆえに、その観点から見て行為の欠点と見えるもの（行為の儚さ、不可抗性や不可予言性）を避けようとすることにより、政治は行為ではなく制作の枠組みで構想されるようになった。しかしながら、政治を制作の活動とみなすということは、人間が生まれながらにして複数性という制約のうちにあることを無視して活動することであり、知や力の技術を持つ者が人間をあたかも単独の理想の作品（たとえば国家）の材料や手段とみなして政治システムを作り上げることだ。

さて、このような伝統に対してアーレントは制作ではなく行為の枠組みで政治理論を構築しようとする。

第一になすべきことは行為の複数性とその欠点を受け入れるということである。

アーレントにとって権力とは、人びとが集まり行為するところに生じるものだった。彼女の政治理論において行為がなぜ政治的な活動であるかということに立ち返って考えてみよう。アーレントにとって政治的な自由とは意志ではなく行為の自由のことを指しているが、この行為の自由とは他の人とは異なる新しいものとして公的領域に現れる自由、すなわち公的領域に対して「始まり」をもたらす自由のことである。また、行為はこの「始まり」をもたらす活動として、複数性という人間の条件にも応える。なぜなら、「始まり」がもたらされるかぎり、複数性を維持することができるからである。アーレントは人間の複数性を保障する「始まり」を出生に喩えるが、行為がどのように始まりとなるか、他者に対して新しさを示すことができるか、ということに注目するとき、さまざまな行為をする者であればこそ人間は複数としてとらえられると分かる。

複数性がそもそも「人間の条件」――人間の住まう環境として前提的にあるもの――とすれば、それに抗おうとすることが誤りなのであって、新たな人間が生まれてくるように、一般的な条件として人間の複数性は地上の生に備わっている。そうであるならば、それが十全に発揮できるように努めなければならないということになるだろう。この意味でこそアーレント的な始まり概念が「出生」になぞらえられるのは妥当なことである。しかし、出生に対する注目は、アーレント的な政治を自然現象的にも見せるだろう。アーレントの政治観はその人間観とも密接に結びついているというわけだ(1)。しかしながら、次々と生まれ来る人間という事象を人間という種の持続ととらえるならそれは労働の枠組みでとらえることになってしまうし、同時に、それは複数性を否定することでもある。よって、アーレントの人間観そのものが政治理論に反映されるのではなく、それは人間そのものというより行為として現れる個別のものの方を「人間」としてとらえる擬制的なものである。

『人間の条件』の中で、公的領域は行為を通じて人びとが他の人びとに現れる場として描かれる。法律や城壁など守るものがなければこの「ポリス」は存続できないが、それがなくても、行為と発話が続いている間には公的領域として存続できる［HC: 198=319］。

行為による政治がどのようにおこなわれるかということについては、複数性について議論される場合と同様に、制作的におこなわれる政治と対比される形でアーレントの権力観として描かれている。しかし、政治秩序の安定性とアーレントが重視する複数性とが対立的にとらえられるならば、アーレント的な政治秩序＝公的領域はどのように安定させられるのか。

権力は行為と調和的な関係にあり、人びとの間で生まれるリアリティに仕える。支配者による被支配者の使役として、さらにはしばしば暴力を伴っておこなわれる制作的な政治と、行為としての政治——支配者と被支配者の区別がない複数の人間が相互にあらわれる営みとしての政治——がこのように対比されることになる。

権力が実現されるのは、言葉とおこない（deed）とが裏腹になることなく、言葉が空虚でなく、行為が野蛮でなく、また、言葉が意図を隠すために使われるのでなくリアリティを明らかにするために用いられ、行為が関係を侵犯して破壊するのではなく関係を樹立し新しいリアリティを作り出すために用いられる、そうした場合のみである。［HC: 200=322］

人が意見を互いにかわし、議論をし、行為する、そのたびごとに現れる——「公的領域」は、そうであれば、制作的な安定性を持たないものとして考えられる。まさに前章で確認したように、耐久性や永続性は制作物の特徴とされるからである。

しかし、アーレントは複数性を重視するとはいえ、政治秩序を無視するというのではない。『人間の条件』においても行為の不確かさを無策に受け入れるというのではなく、許しと約束について議論をおこなっているが、それは人間の一般的な活動として論じられたものだ。政治体や秩序について論じられているとすればそれは『革命について』になるだろう。

『革命について』の中で、革命という創設の行為には二つの要素——「安定性に対する関心」と

「新しいものの関心」があり、それらは元来同じものの両側面として、だが対立的なものとして、描かれていた。これらはしばしば保守的政党と革新的政党などのように二極化してとらえられるが、どちらも必要な二つのものなのである〔OR:215=362-3〕。

この問題に対するアメリカ革命の人びとの試みはどのようなものだったか。

新しいものとその安定性をめぐっては、たとえば、権力と法の関係についてそれらははっきり分けられるべきという『革命について』の議論がある。この議論には、人間を自然的な世界から分かつこと（＝制作）が必要だが、制作と行為は混同されるべきではないというアーレントの考え方が反映されていると言えるだろう。

アーレントは旧世界フランスにおける相互約束に基づく構成体（constituted body）の不在を指摘している〔OR: 175=296〕。国王と議会の紛争によって、地位や身分の特権を基盤としていた「国の政治構造や住民の絆は自動的に解体」しており、この意味で革命時にフランスの国民は「自然状態」にあった〔OR:172=293〕。

つまり、フランス革命における自然的な強制力は貧困という群衆の「社会問題」から生じているだけでなく、権力や法を自然状態において構想しなければならないこと、とくに権力を互いに信頼する人びとの相互関係の外側に源泉をもつ自然的な力として理解し、そのために暴力と権力の違いを理解しなかったことにより生じたものである。

アーレントはフランス革命の展開を批判して「人民の神格化」が問題であるというが、この問題も権力と法の同一視から生じたことである。言い換えると、フランス革命には法を一つの意志としてとらえようとする試み（「法を生むのにただ意志するだけでよいところの神的な意志」［OR: 175=296］）があり、これは本来であれば人民の（本来的には多数であるものを一つのものとしてとらえようとするあの伝統的な）意志――実質的には神的と言うべき――として求められたものであった。しかし、求められるべきは「国民や革命それ自体の一般意志と同一視することのできない恒常的で超越的な権威の源泉」（不滅の立法者）であった［OR: 177=299］。もし憲法が人民の意志と一体化したものではなく「高位」にあるものとして設立されていたとすれば、このような顚末にはならなかっただろうとアーレントはアメリカ革命とフランス革命を比較している。

この意味で憲法（constitution）による創設に失敗したこの革命においては、革命の展開そのものが自己統治的に「法」となってしまい、その中でなお絶対的なもの（たとえばロベスピエールの「最高存在」）が切望されつづけることになった。アーレントはロベスピエールの権威の源泉に対する切望を三種に分けて紹介している［OR: 176-7=299］。そもそもこの奔流と化した革命においては複数性としてこの自由が発揮されることなどありえないが、まさに革命の奔流に対抗すべく絶対者を求めるという革命の帰結は「静かで堅固な」秩序によって複数性がもたらす災厄を防止しようという試み（第一の「専制的権力」）にほかならない。つまり、これも政治を行為の領域としてとらえるのではなく制作によって代替しようという試みのひとつとして数えられるが、それは制作的な法を政治から分離させることに失敗して引き起こされていることだ。これに対し、このうち第二の権威の源泉としての「不滅の立法者の必要」が、フランス革命よりもアメリカ革命を見るべきものとして、「不滅ではないにしろ少なくともある程度の永続性と安定を共和国に与えることができる」ものとして重要視されている。

こちらはなぜ制作による「代替」的な展開にならないのだろうか。この場合に制作による「代替」になりえないのは、アメリカ革命が持続に関心をもたないからではなく、また、法に関心をもたないからでもなく、法と権力が適切に区別されるからだ。

アーレントが賞賛するアメリカ革命は「始まり」の例であるが、安定への関心をもたないどころか、永続性の課題というものはアメリカ革命論にもはっきりと見つけられる。

革命の人びとは「自分たちの新しい創造物に安定性を与え、政治生活のすべての要素を『永続的な制度』のなかに安定させたいという切迫した欲求」を持っていた［OR: 221=371］。アーレントのアメリカ革命論において、アメリカ革命は少なくとも途中までは成功していたものとして描かれるが、その試行錯誤は永続性を求めて起こる。

しかし、彼らは意志を重視しない。「意志くらい永続的でもなければ、永続性を樹立できないと思われるものも他にないからだ」とアーレントは評している［OR: 308=447］。彼らの権力についての理解は「人びとが集まり、約束や契約や相互誓約によって互いに拘束しあう場合に実現するもの」として評価され、また、意見を発見したものとして称えられ、アーレントの行為論が実現したかのようである。しかし、それのみではない。

アーレント的な政治的なものの概念は複数性を条件とし、伝統的で（国家主権的とも言える）単一的な権力の在り方を批判するところから生まれ出た。複数性という条件の下で考えられた権力とほとんど同一視される行為の活動はさまざまな人間のあらゆる意見を受け入れるように、あるいは受け入れなければならないように、思われがちである。ゆえに、この行為概念はあれも行為でありこれも行為であるという具合に政治的なものを拡張することが（しばしばアーレントを超える形で）可能であるように扱われてきた[2]。そして、具体的な設計は厳密には存在していない。アーレントの「行為」には結局どのような政治的な言説があてはまり、どのような言説が排除されることになるのか、ということを「定義」するのは不可能である。

しかし、「意見（opinion）」に対しては、アーレントによって限定された性格づけがおこなわれている。

意見は、個人によって形成され、いわば個人の財産としてあるがままでいなければならない。しかし、いろいろな意見を整理して、恣意的な意見やただ特異であるにすぎないような意見をよりわける知性のふるいにかけ、それを公的見解にまで精製しなければならないが、このような仕事に関しては、各人は平等ではありえない。それは、たとえ哲学者のような賢人の場合であっても、啓蒙時代のように神から与えられてすべての人間に共通の理性の場合であっても、である。［OR: 219=368］

同時に、アーレントは政党による代表という制度に懐疑的であり、意見の集約はいくらかの人間が集まって意見を磨き上げる過程として描かれる。一九七〇年に受けたインタビューでアーレントは革命や評議会に関する時事的な話題についてアーデルベルト・ライフを相手に語ったが、その際に評議会がもつ可能性を以下のように描写して見せた。

しかし、たった一〇人でもテーブルの回りに腰かけて、めいめい自分の意見を表明し、他人の意見を聞くならば、そうした意見の交換を通じて理性的な意見の形成がなされうる。またそこで、もう一つ上の評議会で我々の見解を述べるのにだれが最もふさわしいかが明らかになるだろう。今度はそこで我々の見解は別の見解の影響を受け、訂正され、誤りがあればそれを正して、明晰なものになるだろう(3)。

行為については定義することが難しいかもしれないが、行為を制作によって代替させられることが批判されていたのと同様に、意見や行為の複数性が公的領域を脅かすことをどのように防ごうと考えるのかという問いについて、意見が何であってはいけないか、何に代替されてはいけないか、という問いに置き換えてみることはできるだろう。

この意見について、アーレントは『革命について』においてそれを革命期に発見されたものとしている。

> 歴史的にいえば、意見——そして意見の一般的には政治的領域における重要性、特殊的には統治におけるその役割——は、革命というまさにその出来事と過程において発見された。［OR: 219=369］

それは革命期が政治的なものにとって栄光の時代だったということを必ずしも意味しない。革命というタイミング、そのうえその最初の段階に起きた「全面的な服従の拒否」、それは革命において「すべての権威が結局は意見に依拠している」ということを示すものである、という形でアーレントはこの意見の発見を語っている［OR: 220=369］。そして、彼女はこの「すべての権威が結局は意見に依拠している」ということの発見が「あらゆるデマゴーグに広く道を開いた」ものであることをはなはだしい問題としてとらえている［OR: 220=369］。

したがって、この意見の発見は、アーレント的な権力（自由なものとしての行為）が勝利をおさめたという権力の問題として描かれているというだけでなく、意見以外に拠りどころを失った権威の問題としてその変化と困難が描写されているととらえられるべきものである。

権威といえば、プラトンがそれを知るものによって支配をおこなわせようとしたような、哲学的真理のことを思い出すだろう。しかしながら、もともと「意見は真理の反対物」として哲学の伝統においては低く評価されてきたものだ。ゆえに、意見は真理を目指すものではないし、真理と関連づけられることもない。また、意見以外に拠りどころを失ったということは、哲学的真理が政治的領域に入りこむ余地はないようにも見える。

さらに、真理と政治の関係についていては、それが真であるか偽であるかということを見分けるという視点よりも単数か複数かという視点から評価を与えることもできる。彼女のとらえる政治は「複数」の「意見」から構成されるべきものであり、そうである以上必然的に「単数」の「真理」とは対立するとして理解できる。こちらの場合には支配者が被支配者を用いて正しい目的をかなえようとするプラトン政治哲学に関して制作に与えられる批判と同様に、複数性という条件を尊重しないがゆえに問題なのだ。

このように真理と対立的なものとしてある意見について、アーレントは革命の人びとによるその発見を称えるが、アメリカ革命でも彼らは哲学的侮蔑に抗おうとして意見（と判断）を評価したのではないという。アメリカ革命の人びとは「自分たちの一般的概念の伝統に縛られた狭い枠組みを乗り越えることができた」が、彼らは意見や判断の「地位と尊厳」を古い理論がもつ枠組みに対して意識的に取り返そうと試みたというわけではなかった［OR: 220=370］。また、彼ら自身は意見を権力ではなく理性の所産として考えていたことも追記すべきことだろう。それではどのようにこの意見を位置づけることができるだろうか。

アーレントはこの意見（と判断）のアメリカ革命の人びとによる評価について、「新しい創造物」

を「永続的な制度」の中に安定させようとする試みとしてとらえていると言えるだろう。

具体的にはこの「永続的な制度」はアメリカ上院とアメリカ最高裁判所のことを指している。とくに上院は「世論の支配やデモクラシーから守るために作られた制度」であり、上院と下院の区別にはアーレントの利害と意見の区別、世論と意見の区別が反映されている〔OR: 218=366〕。

アメリカ上院は「すべての公的見解を通過させる『媒体』」として機能する。下院は利害の多様性を代表するが、それに対して上院は意見を代表することに「すべてを捧げる」[4]。アメリカ革命の人びとがそのように考えて上院を設立したのは、彼らが出てきたイングランドを模倣したというだけのことではなく、「統治における意見の役割に対する彼らの非常に独創的な洞察」のためである〔OR: 218=367〕。その点でまさにこの上院の設置は「新しさとユニークさ」をもっている。さらに、「司法による統制の発見」としてそれに匹敵するもうひとつの制度がアメリカ最高裁判所である。

「意見のための永続的な制度」（上院）と「判断のための永続的な制度」（最高裁判所）というアメリカ革命の成果のために、建国の父たちは「アメリカ革命に当然先立つ彼ら自身の概念枠組みを乗り越えることができたのだ〔OR: 220=370〕。

そして、アメリカ革命の人びとがそれらの仕組みを準備できたのは、「自分たちの新しい創造物に安定性を与え、政治生活のすべての要素を『永続的な制度』のなかに安定させたいという切迫した欲求」を抱いていたためであったのだとアーレントは語る〔OR: 221=371〕。

制度については以上であるが、アメリカ革命論においてアーレントによって利害や世論と区別しながら描かれる意見の性格についてはより詳細に示さなければならない。

こちらの区別もどのように政治体を安定させるかという課題をめぐってなされている。アメリカ革命期の意見形成において、上院や最高裁判所がアーレントによってどのような役割を認められていたかということは革命論解釈にとって非常に興味深い問題であるだろう。しかし、それらがいかに役に立っていたとしても結論としては、アメリカ革命の上院と最高裁判所に関してもアーレントは「革命それ自身を通じて明白となってきた精神を保持するのに十分であったかどうか」という問いには否と答えている［OR: 223=374］。制度があれば十分というものではなく、意見や行為のほうが肝心である。

では、それはどのようなものであるべきなのか。

意見とそのほかの物の区別の第一の例として、利害からは以下のように区別されている。利害は政治的には集団の利害としてのみ意味をもち、「ある集団の利害が偶然多数派の利害となる場合でさえも、すべての条件下でそれらの部分的な性格が守られる方法で代表されていれば、このような集団的利害の精製のためには十分」なものである［OR: 219=368］。これに対して、意見はけっして集団に属してはおらず、もっぱら「冷静かつ自由にその理性を働かせる」個人のものとしてある［OR: 219=368］。このように、利害は集団に属し、意見は個人に属する点で、まったく異なる政治の要素であるとアーレントは述べている。

また、意見は世論からも区別されなければならないものである。アーレントによる意見と世論の区別は伝統的な政治思想と合致するものである。それを集約しても公的たりえない大衆のものとしての世論観はありふれたデモクラシー批判にも見つけられるが、基本的に一九世紀のものであろう。

一八世紀の彼らが世論による支配を「新しい形をもった専制」と見ていたところに特徴がある［OR: 218=366］。公的領域を支配すべきものは「公的精神（public spirit）」であって世論ではないというが、それは世論が意見に対し抑圧的なものになるだけでなく、公的精神の欠如として不安定性の原因にもなるからである。世論に支配される世界では、少数意見でさえも個別に存在することはできず、全員一致的な形式以外に多数派であっても少数派であっても「意見」としては存在することはできない。それは「本当の意見をいたるところで圧殺する」暴政のようなものだ［OR: 218=366］。世論における反対意見と意見における反対意見のありようをアーレントは比べているが、そのときに、世論においては反対意見（少数意見）も全員一致的になることが指摘されている。この全員一致的性格というのは「共通の情熱が支配している」ようなものである。そのような場合には「意見」はどのような性格のものでも一体化してとらえられてしまい、そうしたものこそが「意見」ではなく「世論」と呼ばれるのだ。

したがって、世論と公的精神とは同時に存在できない。大衆（こちらも人間の数は複数と考えられる）のものでありながら、複数的性格をもたないのが世論である。

世論は多数派でも少数派でも全員が一致して抱くようなものだが、意見は多様な意見を持っている他者の「恩恵」によって形成されるものだ［OR: 217=366］。意見を出し合う（見せ合う）ことをとおして意見は洗練される。さまざまな人間がいるからこそそれは起こりうる。この洗練の過程は、さまざまな意見をただそのままにしておくということでもなければ、利害についてそうであるように数量的な調整をおこなうということでもない。

意見は個別のそれぞれが認められるところから生じる複数のものである。それは個人によって形成される個人の財産として描写され、多様な問題のそれぞれについて「冷静かつ自由に理性を働かせる場合」には彼らはどうしても異なった見解を持つことになるだろうというフェデラリストの認識に賛意が示される［OR: 217=365］。

このような性格を鑑みれば、意見の洗練が市民全体ではなくある特定の人びとに任せられる理由も理解できる。それらの人びとは自分にとって何が利害をもたらすかを知るだけでなく、その主題について持つべきさまざまな意見を知っているはずだからである。

アーレントはここでもフランス革命を批判して、フランス革命は世論に革命の道筋を委ねてしまったもので、それは「意見をろ過する媒体」を欠いていたと述べる[5]。

フランス革命の失敗は「奔流」の現象——すなわち、偶発的なものをそのまま政治的な領域にあふれさせてコントロール不可能にすること——によって生じた。

「ろ過する媒体」の不在は意見の混乱した状態の原因となるばかりではなく、そのために「代表されず精製もされない」意見は「緊急事態というプレッシャーのもとで互いに葛藤するさまざまな大衆の感情に結晶した」のである［OR: 220=370］。つまり、権威が失われ権力が混乱した「自然状態」の中で、人びとの間では貧困に対する怒りやそれに対する哀れみや同情、そして秩序をひたすらに擁護するような衝動が生まれ、さらには革命家たちの苦悩へと一体化してゆく。この混乱をどうにかしようとして、「意見を全員一致の『世論』に作り替える『強い人間』への期待」が生まれる(6)。この期待はフランス革命が権力と法の一致を目指すがゆえに求めた「あらゆる始まりが不可避的にまきこまれる悪循環を突き破る」ための絶対者の探求と同じものである。

代わって、アメリカ革命の「建国の父」たちはこの世論がもつ危険性に気づいていたし、そのことをアーレントは賞賛している。そしてこの危惧のためにアメリカ革命の人びとは「デモクラシー」に反対の立場をとった。しかも、それは（アーレントが告発するような）プラトン的なデモクラシー嫌いを理由としたものではなく、彼らが世論による統治には公的精神が欠如していること、そのためにそれが不安定なものとなることを理解していたために彼らはデモクラシーを忌避したのである［OR: 218=366］。

『人間の条件』の中でアーレントは行為に対してその不可予言性や不可逆性、そしてもろくて壊れやすいことを強調していたが、革命論を見ると、行為や意見がもつもろさとそれらがもたらす困難が『人間の条件』のような一般的な条件下での行為論とは別の形で現れていることが分かる。

アーレントはこの点に関してもフランス革命とアメリカ革命の比較をおこなっているが、その差異は歴史過程の偶然性に由来するものではなく、「公的見解を形成するための永続的な制度」のありなしという点に起因していると言う。意見はフランス革命とアメリカ革命の両方で発見されたが、共和政の構造そのもののなかに、公的見解を形成するための永続的な制度をつくりあげる方法を知っていたのはアメリカ革命だけであったためだと言われる［OR: 220=369］。この制度によって、人びとの意見は議論をとおして「明晰」にされ、いくつかの段階を経ることでよりよいものにされる。さらに上院や最高裁判所もこの仕組みの一部として機能し、適切な集約へと導く。

次に、意見と事実の関係について我々は理解しなければならない。事実も意見について複数性を保ったまま安定性へと導くために考慮すべきものである。それは、アーレントにとって事実は公的な世界の共有可能性を担保するものであるが、事実それ自体を共有することはできないからである。

アーレントは科学的な知識（事実）が日常言語に置き換えられなくなっていることを『人間の条件』で問題視しているが、現代においても科学的な事実に代表される専門知識が備わっていない状態で政治的・社会的判断をなさなければならないという状況は容易に想定できる。

このような、意見が事実に基づいて形成されていないという場合には公的領域にふさわしくないものと考えられ、世論といかようにも区別しがたいのではないか、という問題がある。たとえば、同じく嘘と事実を問題にするポスト・トゥルース論は「客観的な事実」と「感情や個人的な信条」を対立的にとらえて論じるが、アーレントは「客観的な事実」を政治に必要なものとするのではなく後者を退ける（また、利害の表明も意見ではない）。

アーレントはアメリカ革命の人びとが哲学的侮蔑（「意見は真理の反対物」）に対抗するために意見を評価したわけではないと述べている。このことも政治的な領域における事実と意見の関係を見るようえで重要な点であるだろう。

アーレントによる公的領域における事実の扱いは極めて複雑なものである。アーレントの世界は事実によってのみなるものではない。アーレントの世界観において真理や事実は「我々が立つ大地であり、我々の上に広がる天空」と表現されるが、「政治における嘘」論稿（一九七一年）の中で、彼女は政治権力が集団的に用いる嘘（イデオロギー）に対して警鐘を鳴らしながらも、嘘に対して一定の評価を与える。アーレントは世界破壊的な嘘やイデオロギーを退ける一方で、嘘を政治的なものの性格としてみとめている。

「大地」や「天空」としてある真理や事実は、我々によって変化させられたり失わせたりすることはできないが、客観的に存在するというよりも我々が関与しなければならないものであるというべきだろう。

むしろ、「事実の真理」とはただの事実ではなくそれに我々が関与することによって不変の、つまりそれが既に起きているという意味での出来事を世界の一部として留めることができるような仕組みのことなのだ。

我々が同じ現実を生きていないという危惧と共通世界が容易に破壊されてしまうという懸念は全体主義批判という形でアーレントの議論にはっきりと現れていた。そして、そのことは政治的な嘘を必ずしも否定するものではない(7)。

嘘を語る者は政治の舞台に登場するのにそのような真理と利害との疑わしい調停を必要としない。彼は常に、いわばすでに、政治の舞台の真ん中にいるという大きな利点を持つ。彼は本性上俳優＝行為者（actor）なのである。［BPF: 246=341］

言い換えれば、事実の真理の意識的な否定——嘘をつく能力——と事実を変更することができる能力——行為する能力——は相互に関連しているのであり、両者は想像力という共通の源泉によってはじめて存在するものだ。（……）したがって、嘘について我々が話すとき、とりわけ行為する人びとの間の嘘について語るときには、嘘が人間の罪深さから何らかの事故で政治にまぎれこんだのではないということを忘れないようにしよう。(8)

このようにアーレントは嘘が政治的な領域に入りこむことを認めるばかりか、それに行為の可能性の根拠となるような性質を認めている。よってアーレントの嘘論について、政治的なものとして認められる嘘のその限界について論じられる際に、それを定めるものとしては「世界を破壊しないかぎり」というコンセンサスのほかないように思われる。(9)

アーレントにとって「事実と虚構の区別を捨て去る」ことに対する危惧とは何か。

彼女が「天空」と「大地」としての真理や事実について語る「真理と政治」の末尾では、それを決して安定的なものとも安定すべきものとも扱っていない。嘘をつく能力は、我々が新しいことを始める自由の可能性を保障しているものだ。事実と意見はもともと緊張した影響関係にあると言える。人間が嘘をつくことができるということに行為の可能性が支えられているがゆえに、意見は事実を解釈し、その中で事実を変質させ、事実に縛られるということはないということが言えるだろう。

　彼女が懸念しているのは、嘘によって現実が破壊されることや作り替えられるというそれぞれの結果自体ではなく、行為や出来事が本来偶然的なものであるがゆえに、過去と現在が潜在的可能性に戻されてしまうことである［BPF: 253=352］。意図的な嘘のみを対立物にもつ「事実の真理」を保つことが難しいのは、嘘とも親和性のある人間の行為がすべて別様でもありうるからである。別様でもありうるがゆえに人間はいくらでも嘘をつくことができる。そのような事件は起きなかったかもしれないし、数値は違ったかもしれない。このように、人間が語る嘘は潜在的な行為と同様の性格を持ち、このために「際限がない」と表現される［BPF: 253=351］。

　アーレントはこの嘘論において「際限のなさ（boundlessness）」という表現を用いている。「人間の事柄の領域のうちで実際に起きたことはすべて別様でもありえた以上、嘘を語る可能性には際限がない。そしてこの際限のなさが自滅を招く」［BPF: 253=351］。このように公的領域の共有を不可能にする過剰な可能性があり、そのことが問題なのである。

　しかしながら、同時にアーレントが述べているのは、このいくらでも別様でもありうる性格のために、嘘がいくら蔓延したとしても嘘や虚構が世界をすっかり覆い尽くしてしまうということはけっして可能なことではない、ということだ。このために世界はすっかり嘘に塗り替えられてしまうどころか、嘘と事実の区別がつかなくなって、不安定で説明不可能な状態になるほうが起こりうる事態なのだ。この事態は政治領域の安定性のみならず、新しいことを始め、世界を変化させることをも阻んでしまう［BPF: 254=352］。

したがって、アーレントがこの論稿で議論している政治における真理と嘘の関係は「天空」と「大地」という表現から想像される真理や事実の基盤としての確かさよりも、もっと曖昧に行為を可能ならしめているものと不可能にしてしまうものとの境界線を問い直すものであるだろう。それは、人間領域で起こる出来事が別様でありえた可能性をむしろ受け入れ、また、人間に介入不可能なものとしてある真理＝科学的・哲学的事実を人間的な領域で共有可能なリアリティに変え、さらにはリアリティを感じさせないような極端な嘘や真理を政治的な領域から除外することが必要だということを意味し、政治における事実と意見の位置づけから立ち上がってゆく行為とはそのようなものだと言えるのではないだろうか。

したがって、仮にその基盤となるものが完全に客観的な事実ではなくともさまざまな意見が出され、それが一致に向かう情熱にのまれることなく個別かつ相互に認識され、その中で変化し、集約されるならば、意見がそこで「精製」される行程は安定的に機能しうると分かる。意見は多様なものであり、また、多様な意見が存在するところでしか意見は形成しえない。

しかし、政治思想の伝統は行為が必ず生み出すことになる「災い」を危惧して他の道を選んできた、意見を信頼しなかったということに対して、この複数性は地上の条件だから無視してはいけないということで説得できるのか。アーレント政治理論はこの問いに答える必要があるし、実際に彼女は安定性を問題にしているのだが、それはどのように可能になるのか。

第一節では、意見は、哲学的な真理、利害、世論、客観的な事実から区別され、複数いる他者との間に構成される空間を保つべく意図されているということを見てきた。事前に準備された形式（制度）的区別もあれば、結果的に出てくるものの世界との関係性を見てなされた区別もある。また、意見と事実とははっきりと分けられるものではなかった。ただ、他者とのリアリティの共有としてしっかり紐づけられているということが重要である。架空のものや永遠の世界を目指し始めると世界の共有可能性が破壊されてしまい、その不安定性に耐え切れずに、制作的なものによる公的領域ののっとりが生じてしまうのだ。

第二節　アメリカ革命における世界性維持の失敗

第二節は、アーレントによる行為や意見の重視を支える安定性の希求について見る。そして、それがどのように失敗しているのか、ということを追う。

アーレントは『革命について』の中で基本的にフランス革命ではなくアメリカ革命を持続すべき革命のモデルとしてきた。しかし、フランス革命がその「始まり」の時点では革命として賞賛すべきポイントを有していたように、フランス革命のすべてが批判され、アメリカ革命のすべてが賞賛されるというものではなかった。

また、第三章の議論から、ノモスである法とは、我々の行為を制限する規則としてだけでなく、それが共通世界の維持に関わるものごとであるという意味で政治的共同体に対して限界を形成していると理解された。それは壁として共通世界に「際限」を設け、さらに、それが人びとの行為を忘却へと押し流さず、代々にわたって受け継がれることを保証しているという意味でも政治的なものの領域に耐久性を与えるものであった。

アーレントの法の議論が用いる古代ギリシア的なノモス（nomos）と古代ローマ的なレックス（lex）という二つの法概念について、アーレントの法概念と世界性の関係について観察したケイス・ブリーンはその法概念と世界性の関係について観察し、それぞれがアーレントの世界性の性格を担っていると示す。ノモスは世界が「人工的に作られたもの（human artifice）」であるという側面、レックスは客観的な人工物としての世界を「カバー」し、それは補完的な役割を担う間主観的な「仲介」としての側面に符合する。[10] 双方がアーレントにとって重要な概念であると認めたうえで比較検討がおこなわれ、そのどちらもが主権的な法権力に代替し、法概念を主権者による命令に帰さない形で呈示しようとするものとして評価されている。

先行研究によってはレックスのほうが肯定的に評価されてきたが、このレックスに対する評価は、革命の実際の展開において法概念として有効性があったと言われるのではなく、アーレントのアメリカ革命に対する好意的な評価にも依拠したものである。レックスが、アメリカ革命で観察された「常に活気があり一時的かつ偶然的なものとして共同でおこなわれる政治的な行為」に対応するべき政体の「原理（principle）」と相性がいい点で、それはアーレント的自由概念の実践にふさわしいものと評価されうるものだ[11]。

法の「原理」概念は『革命について』の「始まりの原理」よりも先に『全体主義の起源』の中でモンテスキューの法理論について述べる際に登場している。この「統一的かつ公的な行為と態度の基準を権力者にも市民にも与えることによってはじめて国家形式を活動させる原理」は「行為を誘い出し鼓舞する」ものとして各々の政治共同体にふさわしい形で働く［EUTH3: 960=282-3］。『革命について』の求める「始まり」の原理が「原理」であるとはこの意味である。この「原理」は古くからある法が「固定的で不動であり、すべての行動に一定の限界を設ける」ためにあるのに対して、それを補助する役割を担う［EUTH3: 960=283］。

さらに、アメリカ革命論に見出される法の議論として注目されてきたレックスは、『全体主義の起源』だけでなく『人間の条件』の「約束」と一致するというところから観察を始められるのが通例であった。このレックスの論じ方はアーレントが『人間の条件』で行為の章の一部分を割いて「約束」概念に対して見せている期待を反映させたものである。

レックスは相互的な契約や条約としての法概念である点で「約束」にきわめて近いものに見えている。『人間の条件』において行為の章の一部をなす「約束」の議論は「主権のない状況下で与えられた自由の存在にぴったり一致する」能力として、「人びとが集まる現れの空間や公的空間を存続させる権力とは異なる、人びとを一緒にさせておく力」として、概念化されている［HC: 244=382］。他方、レックスとしての法は「外的な環境のために寄せ集められた二つの物、あるいは二つのパートナーを結びつけるもの」を意味している［OR: 179=302］。この点から革命論において「約束」の法概念が完成したように見える。

『人間の条件』でアーレントは「約束」がどのように主権による政治体の維持とは異なるかについて以下のように解説している。それは「自分に対する支配と他人に対する支配に依拠した支配の形式」である主権によって維持される政治体にとってかわり、政治体としては「人間事象の不可予言性と人間の頼りなさをそのまま残した」まま、「新しく終わりのない過程を始める能力そのものの中に装備された統制機構のようなもの」として描かれる［HC: 244, 6= 381-2, 4］。それは虚偽（spurious）である主権とは異なり「限定的なリアリティをもつ」ものとして、また、不確実性の大洋の中の「確実性の道標」として機能する［HC: 244-5=382］[12]。この約束（と共に論じられる赦し）とは、政治的な領域において「行為の巨大な危険に対抗する善意」のみを支えとした「徳性」として残されてあるものだ［HC: 245=384］。

そして、少なくとも、『革命について』においてアーレントは『人間の条件』のノモス的な法概念とは別に古代ローマ的な法概念を積極的に採用し、法を約束や契約と同種のものとみなしている、と言える。この法概念は『人間の条件』での古代ギリシアのノモスの描写とは異なり、市民の間だけでなく見知らぬものとの間でも成り立つとされるばかりか、都市の建設と同一視されて前政治的活動として政治から切り離されるということもなかった。

ギリシアのノモスとちがって、ローマのレックスは都市の建設と時をおなじくしていなかったし、ローマの立法は前政治的活動でもなかった。レックスという言葉の本来の意味は、「親密な結びつき（intimate connection）」、あるいは関係（relationship）というものであり、すなわち、外的環境のために一緒になった二つの物、あるいは二つのパートナーを結び付けるもののことであった。［OR: 179=302］

さらにレックスは「関係」を指す語として、アーレントがよく参照するモンテスキューの rapport（関係）の理解がその扱い方に反映されている。その議論とは、法とは「異なった実在のあいだに存在する関係」であり、「定義上から相対的であるがゆえに、権威の絶対的源泉を必要とせず、法の絶対的妥当性という厄介な問題を持ち出さない」というものだった［OR: 181=304］。『人間の条件』においては「約束」が同じような役割を果たそうとしていたが、なるほどこのノモスよりも流動的なレックスはたしかに契約や約束をその性格としているが、『人間の条件』の約束の議論の単なる反復というわけではない。『革命について』においては、革命後の政治体の持続という課題のために、単なる「約束」という形ではなく、それがより法的な議論として検討されるようになっていると言えるだろう。このことを言い換えれば、『革命について』の議論にはノモス的なものの痕跡がないわけではない、ということになる。

レックスが『革命について』の第五章において主題となっている背景には、フランス革命への批判、とくに革命と超越的なものとの問題がある。そもそも、アーレントが示唆する法概念はその二つともが超越的源泉を必要としないように構想されたモデルであった〔OR: 179=302〕(13)。法が「それに妥当性を与える権威の超越的源泉、つまり人の権力を超えるべき起源を必要とする」のは、古代ローマに範をとれば当然そうであったはずの「同意」や「相互契約」とは別のもの、それらとは無関係に服従を強いられることになる「戒律」として法を理解する場合であった〔OR: 181=305〕。レックスはもちろん、ノモスも職人仕事として、あるいは共同体の外から与えられて「壁」として働くものであり、超越的なものとは無縁である。革命論にとっての法の問題とは、法がどのように超越的なものの希求とならない形で政治体を維持するに足る権威を作り上げるかということであった。アーレントはノモスとレックスという二つの古代の法ならばどちらも超越的なものと無関係であったにもかかわらず、それらに甚大な影響を受けたはずの中世と近代の法制度や法解釈では法が「戒律」として、「人びとに語る神の声として」考えられて、こうした戒律としての法概念がフランス革命の人びとにもアメリカ革命の人びとにも影響を与えたということを問題視する〔OR: 181=305〕。

また、アーレントは、法と権力をまったく違う階層を構成するべきものと見ている。

たとえば、フランス革命はこれを一致させようとして法の源泉を「神格化された人民」に求めた。

これはある意味では「下」に法の源泉を求めようとしたということであるが、これこそはフランス革命が法と権力のかぎりない一致を求める、いわば「際限のない」取り組みを生み出すものである。それは一切を「自然」に投げ込むことであり、それに秩序を与えようとするには絶対的で超越的なものが与えられるしかほかに方法がなかったのである。

これに対してアーレントは、アメリカ革命の人びとが人民と法の源泉とを切り離し、法と権力とを一致させることを望まないことで「際限のなさ」を防いだことを評価した。アーレントはアメリカ革命の人びとが、フランス革命の人びとが直面した不条理に陥らない理由を「人民の『草の根』である下部から湧き出てくる権力の源と上部、すなわちより高く超越的な領域に就ける法の源とを曖昧さを残すことなくはっきりと区別したこと」に求める［OR: 174=296］。アメリカ革命においては「高次の法（higher law）」が設定され、これらに区別を与えたのである［OR: 174=296］。

このようにアメリカ革命の人びとは、人民という権力の源泉と法の源泉とを切り離し、また、法と権力の不可能な一致を模索しなかった。この点において、アメリカ革命においてこそ政治体が権力そのものではなく法による維持として意識されていたと言えるだろう。

議論のそれぞれを比べれば『革命について』において『人間の条件』が提示した法の議論が革命における持続性の必要の下で問い直されていることが分かるだろう。(14) 我々は『革命について』の法概念をノモスとレックスが混ざったものとして理解すべきである。

ノモスは制作的な法であったが、これらの法論を制作的と呼ぶことができるだろうか。たとえば、

『人間の条件』ではノモスという前政治的な法とは別に論じられていた約束の概念やその他の機関について、『革命について』では行為の関心事を超えて制作的な持続性に対する関心へと議論が広がっているということが観察される、と言うことができる。

法というものはある程度までは確実に制作的であり、また、人間の所産である。むしろ憲法論は国家の創設というまさにノモス＝制作的なものを扱う。さらに言えば、アーレントは constitution を「構成する行為」であると同時に「書かれた文書」として扱い、その両方が同時に崇拝の対象となっていると見ている［OR: 196=325-6］。憲法が「書かれた文書」であることはまさにそれが制作の産物であることを意味していると言えるだろう。

アメリカ革命にとって、政治体の創設は持続のためにおこなうものとして重要な課題であった。アーレントは暴君と貧困からの解放として描かれるフランス革命の自由と対比する形でアメリカ革命の自由を描く。たとえばジェファソン流の自由の観念としては、彼がフランス革命から学んだ結果として「行為を反乱や破壊と同一視したかつての立場を変えて、行為は新しく創設し築き上げること」と考え直すようになった、と語られている［OR: 226=378］。

単純な見方では『人間の条件』でアーレントが行為とそれぞれ対比しているのは制作や労働である。このことのために、『革命について』を読むとき「自由」には行為だけが該当するのであり、制作や労働を「必然」の枠組みに綺麗におさめてしまうこともあるだろう。だが、それはならない。たとえば『人間の条件』の不死性の追求という課題において行為は不完全なものである。この課題にとって意義をもつ活動は他にありうる。そうした関心から、『革命について』の成り立ちについて考えることが第一部の課題であった。

　そして、この再検討に深い関係があるものが第三章で見てきた制作の活動なのである。自由に対比されるべき必然は「際限のなさ」という概念を用いて説明されるべきものである。言い換えれば、革命論の取り組みとして、必然に抗すること、その対立概念である自由を求めることには、たとえ自由にもその性質がみとめられるとしても、あえて「際限（boundary）」を与えることが課題として考えられるべきだろう。問うべきことは、「際限のなさ（boundlessness）」という非・持続的性格に抗してどのように政治的なものには「際限」が与えられうるのか、ということになる。

　権力のみならず権威についても盛んに論じられるようになった『革命について』では、法や権威についての議論が政治的な主題の中心を占めている。それらの議論の観察をとおしてこそ、われわれはアーレントの持続性に対する関心を十分に理解することができただろう。

　我々は第三章において制作の政治的意義をその産物による公的世界の構築性と安定性に見たが、まさにこの論点が『革命について』では一見制作的ではない形で議論の中心に置かれていた。『人間の条件』が示した約束では政治体の安定性や永続性を保証するには十分ではない。アーレントは我々が見てきたこの問題を権威の不在の問題として理解し、さまざまな制度による持続という意味でより制作的にそれを求めようとするように見える。

　アメリカ革命論におけるノモス的な要素――それは、「人工物」としての世界の性格に応え、超越的なものを用いずに世界を維持するということを目指すことになるはずだ。『全体主義の起源』以来一貫して世界性の持続ということが政治的な課題になってきた。『革命について』におけるノモス的なものは、どのように世界を維持しようと試みるだろうか。

最後に、革命論を振り返るということから、革命という政治体の始まりと持続についてアーレントが示唆する都市のイメージに注目すべきことを論じておきたい。

創設の行為とは近代的条件のもとでは憲法の作成を指していた［OR: 116=192］。さらに、創設という主題は必ず持続性の課題と結びついており、それは一般的に観察されることである。たとえば、アーレントはアメリカ革命期の人びとが国家の永続性と安定性に対して「熱狂的な関心」を抱いていたことを以下のように指摘している［OR: 223=373］。

> すなわちハミルトンは、憲法は「必ず永続的なものでなければならず、ありうる物事の変化を計算に入れることはできない」と主張し、ジェファソンも同じように、「自由で耐久力のある、よく管理された共和国の堅固な基盤」に関心を払った。[15]［OR: 223=374］

そもそも政治体は不死なるものである（ポリスは人間より長く生き延びる）という古代の考え方をキリスト教の永遠の生命という考え方は転倒させた――死後の生こそ永遠である――のであったが、近代に差し掛かって以前の政治体が永続するという考え方、世界の方が人間よりも長く生き延びるという考え方が、熱狂をともなって復活することになる。

アーレントのアメリカ革命論はウィリアム・カーペンターの議論をよく参照しているが、他に、フィンク（Zera S. Fink）の共和政体論に則っている。アーレントはフィンクの研究に依拠しながらミルトンやハリントンについて論じ、アメリカ革命の人びとの永続性の希求を一七世紀の「不死の共和国（immortal commonwealth）に対する熱狂」を受け継ぐものとしている［OR: 308=448］。彼女はフィンクの研究について、一七世紀政治思想の背景にある熱狂が当時混乱をもたらしていた宗教的な内乱を取り除き、世俗的な秩序を安定させるという程度の願望ではないと明らかにしたところに意義があると評価し、自分でもハリントンの国家論を参照しながら論じている。ハミルトンやジェファソンの憲法論争とこの「永続する国家」について論じたハリントンには同じ熱狂が見出せるのであり、しかし、ハリントンのオセアナ構想には制作的な暴力の危険が含まれており、とくに自分を「建築家」と認識するなど、彼はまさに制作的な思考様式により政治体を構想していた［OR: 200=332］。

このような熱望はポジティブなものでもあるが、行為にもともと備わっている性格に起因する不安によって望まれたものでもある。本来的にコントロールしがたい行為を伝統的に「代替」するものとして制作があった。「儚く脆い人間事象から脱出して、静寂で堅固な秩序に逃げ込む」というのがこの代替の実態である［HC: 222=351］。この代替を避けるためには、制作と行為の関係を断ち切ることが必要なのではなく、行為を厭わず、見下げずに制作を見直すことが必要なのである。制作的なものによる制御は行為と一体化しておこなわれるものであってはならないし、また、権力を誰かひとりの支配者に独占させるというのではいけない（そもそも権力とはそのようにして生じるものではない）。アーレントに対し、伝統的な政治思想が危惧しているのは人間の複数性が不和や不安定性の原因となること、人間的な事象をどのように制御しうるのかという問題であった。制作的な活動は政治および権力を妨げたり、代替するものになったりしてはいけないが、第三章で見たように、制作はもともと人間の条件に対応するものであり、当然のことながら政治にも必要なものだ。

先述のように、アメリカ革命では憲法論において明らかに対極的な立場にあったはずのハミルトンとジェファソンでさえ、同一の論点において双方が国家の永続性と安定性に対する関心を共有していたことをアーレントは描き出す。他にも、ハリントンは「不死の共和国に対する熱狂的関心」を強調していたこと、この永続性に対する関心がアダムズにも「幾世代もつづく制度」を扱う新しい政治学を「神聖な」ものと呼ばせたということなどがとりあげられている[16]。それどころか、ロベスピエールの「死は不死の始まりである」という言葉についてさえ、アーレントはそれを「革命の中で明らかにされた政治についてのとくに近代の強調点を、もっとも端的かつ壮大な形で定義づけた」ものとして挙げている［OR: 223=373］[17]。

これらの願望があればこそ、革命の人びとは「永遠に変化する循環を終わらせ、不死なる都市を樹立する」方法を具体的に（しばしば保守的に）議論した［OR: 223=374］。

この永続性に対する願望が示す循環を逃れて不死へと至る構造は、アーレントが『人間の条件』で描き、本研究がこれから論じる時間性の対立構造と一致するだろう。すなわち、人間はその活動において循環し続ける時間を分断して不死性を志そうとする、ということだ。地上における事物が目指しうる不死は哲学者の目標である永遠よりも不完全であるために、しばしばそれが超越的な永遠性の希求へと転化してしまうということについても、我々は見る。革命の人びとはこれを避けて「不死なる都市」を創設しなければならない。

本章では、政治的なものが持続するためにはそれに客観的な形で限度を与えること（この例としてアーレントは行為者の態度としての「中庸」も挙げていたが）が必要であり、それは第一に政治的な領域に対して与えられ、しばしばそれは法の形をとるということを見てきた。公的空間は「ポリスの城壁や法の垣根のような安定した保護物なしには、行為と言論が続いている瞬間だけしか存続できない」［HC: 198=319］とアーレントは語る。このために、本書がより重要と考えているものは、『人間の条件』で制作に分類されるべき空間的限定づけとしての憲法についての議論であり、意見に対する限定とそれを可能にする機関についての議論であった。

さらに持続性の議論および制作に注目する観点から、ノモス的な法の役割、共通世界に壁を作りそれを維持するということを捨てがたい役割と見るとき、『革命について』における都市の描き方は注目に値するものであり、このアーレントの政治空間における「都市」のイメージはギリシアにおけるノモスを守りそれによって都市の空間が守られる営みというよりも、ローマにおける増大＝保存として描かれていたものであるだろう。

■注

（1）アーレントの人間は公的領域で言葉を話す。ジャック・デリダやジョルジョ・アガンベンなどによってアーレントの政治的なものが主権を批判するにもかかわらず言語中心主義的なものであることは批判されてきたし、フェミニズム的な観点からも政治からの私的なものの排除について批判がある。また、アガンベンによるアーレントのビオス概念にゾーエーを対置させるやり方については、身体に生じる反射反応を含める形で人間観を更新した政治理論であるとも言えるだろう。

（2）フェミニズム的な観点の中にはセイラ・ベンハビブのように家庭内という私的な場所にもアーレント的行為を拡張して認めるなど、厳密に公的領域に限定されて見える行為の定義をずらしながらアーレントを受け継ぐ政治理論が存在している。

（3）Arendt. *Crises of the Republic*. p. 233（アーレント『暴力について』二三三頁）．このインタビュー記事の初出は"Thoughts on Politics and Revolution: A Commentary", *The New York Review of Books*. vol. 16, no. 7, 1971, No. 7, pp. 8-20.

（4）アーレントが参照する『ザ・フェデラリスト』第一〇篇では、マディソンが派閥化を抑制するために連邦制を称揚し、「世論が、選ばれた一団の市民たちの手を経ることによって洗練され、かつその視野が広げられる」とある（ハミルトン／ジェイ／マディソン『ザ・フェデラリスト』六一頁）。

（5）実際に、フランス革命の世論、あるいは世論の代表という理念は、「無制約の権力」となった（ジョーム『徳の共和国か、個人の自由か』(Jaume. « *Échec au Libéralisme: Les Jacobins et l'État* ».) 一一五頁）。ロベスピエールは世論が統治する人びとを裁くのであり「世論を抑制し創り出すのが統治する人びとの役割ではない」（これはアーレントとまったく逆の立場である）と述べるが、我々の注意を引くべきことに、フランス革命のジャコバン主義的に解釈された世論は「多数者ないし一般性という観念ではなく、すべてである人民、全体性という理念」であったがゆえに、「純化」され、「浄化投票という方法で濾過され、革命委員会と中央権力に従う諸協会の内部で体系化され」ていたのだった（ジョーム『徳の共和国か、個人の自由か』七四頁）。したがって、アーレントの「精製」や「ろ過」、「代表」の概念も、その世論や意見の定義にのっとって解釈されるのでなければ不正確な理解となりうるだろう。

（6）このような世論によって生み出される事態は「すべての意見の死を意味する」と語られる。それほどまでにアーレントにとって世論と意見とは対極的なものである。

（7）この問題はアーレントの「嘘論」として最近とくにとりあげられる機会が増え、嘘と意見の関係に目を向ける視点からも活発に議論されてきたと言える。国内で近年に刊行されたものを挙げるだけでも、百木「アーレント『政治における嘘』論から考える公文書問題」一九〇－八頁、和田「アレントの現象論的嘘論」二六－四三頁、牧野「政治における虚偽と真実」五九－八五頁、などがある。

（8）Arendt, *Crises of the Republic*, pp. 5-6（『暴力について』三－四頁）.

（9）「世界を破壊しないかぎり」という表現は直接的にアーレントのものではない。さらに、この視点から言えば、嘘を警戒すべきであるだけでなく、他方で真理も世界破壊的である。そもそも嘘と真実の領域は政治においてきっぱりと分かれているものではない。「人間には阻止できず、したがって手の下しようのない何らかの必然的発展の結果として事実を考える危険」と「事実を世界から拒否する、つまり事実を巧みに操作しようとする危険」との間で政治は「きわめて狭い小道」を進むような選択をしなければならない［BPF: 254=353］。

（10）Breen, "Law beyond Command?"（ノモスについてはp. 20、レックスについてはp. 22）.

（11）Wilkinson, "Between Freedom and Law: Hannah Arendt on the Promise of Modern Revolution and the Burden of 'The Tradition'," p. 59.

（12）「この能力が誤用されて、未来の大地全体を覆い、あらゆる方向に保証された道が地図に書き込まれるとき、約束はその拘束力を失い、企て自体が自滅する」［HC: 244=382］。

（13）さらに、アーレントは「法は、それが同意や相互協定と関係なく服従しなければならない戒律と理解される場合にかぎり、超越的源泉を必要とする」と述べている［OR: 181=305］。

（14）Volk, *Arendtian Constitutionalism*, 2015. はアーレントの立憲主義における法と権力の内的連関を強調している。フォルクはアーレントの約束が「意見と判断を形成する自由な過程によって先行される類の約束」であり、アーレント的な立憲主義の核となる考え方を「法と政治の関係を脱階層化し、憲法とデモクラシー、保存と増人は行為の機会に内的に連関するというもの」として描き出す（Volk, *Arendtian Constitutionalism*, pp. 224, 9）。本書もこの関係（とくに法による保存と権力による増大の内的連関）を基本的に認めるが、約束を含む法の議論が示してみせる持続に対する関心について、アーレント的な法の形をとらえようとする着眼点とは異なって法の議論を持続性の議論の展開の一部として扱い、『人間の条件』のノモス論を含む政治体の持続性の議論が革命における困難によって更新されたものとしてとらえたい。

（15）アーレントはフィンク（Zera S. Fink, *The Classical Republicans: An Essay on the Recovery of a Pattern of Thought in Seventeenth-Century England*, Oregon : Resource Publications, 2011［原著は一九四三年］）の議論に依拠して、この永続性の願望について論じる。フィンクは、ハリントンの混合政体論とそれがどのように「古典古代」（この点からもアーレントの関心に合致することが分かりやすいだろう）の思想家の議論を受け継ぎ、発展させているかについて論じている。その中で「不死の共和国（Immortal Commonwealth）」を構築することがハリントンの『オセアナ』全体の基盤をなし、動機づける壮大な構想であったことが示されている（Fink, *The Classical Republicans*, p. 62）。

（16）アダムズは『統治についての見解（Thoughts on Government）』の中で彼が「神聖な（divine）」と呼ぶ政治についての科学（science of politics）が公的幸福についての科学であり、それに基づくことによって幾世代にわたり維持される憲法と統治のための組織を作ることができるということを論じているが、「神聖な」という表現自体は冒頭に出てくるだけである（Adams, "Thoughts on Government"）。

（17）このロベスピエールの一句は一七九四年テルミドール八日（七月二六日）の演説、すなわち国民公会における最後の長大な演説の中に登場するものである（Société des études robespierristes (ed.), *Oeuvres de Maximilien Robespierre Tome X*, p.567）。

第五章　アーレント政治理論における「不死」の問題と「思考」の活動

第一節　政治的領域における「不死」という課題

アーレント政治理論解釈において行為（言葉や行い）がリアリティを作り出すところに権力が生まれると言われてきたが、この権力に安定性をもたらすものはいったい何であり、どのような形でもたらされるか、という切迫した問いが革命論にはあった。

そもそも行為をはじめとする活動がどうして持続性の課題を持ちうるかといえば、行為と制作に共通する関心としての不死がある。現代の政治理論、とくに一般的な政治的関心を考慮する際に、なかなか登場しないのもこの不死であるだろう。しかし、『人間の条件』における主題である活動的生活自体が「不死への努力」のためにおこなわれていたのだから、それらの共通の性格となるのは当然である。

古代を回想しながらアーレントが行為について論じるとき、行為は「不死の名声」を求めるという意欲に支えられていると分かる。そもそも古代アテナイでは不死を求めて遺体の扱いにも苦慮し、それを見捨てたストラテゴスを弾劾するほどであったのだから、不死を求める心というのは並大抵のものではない。この名声は行為など生前の活躍が語り継がれるものであり、ポリスが自分の後に残ればそれが続くかぎり語り残されるのだから、都市＝ポリスを守護する必要も生まれるというわけである。

この不死と政治についての考察の結びつきは、アーレントの政治理論の特徴というべきものであろう。ローマやギリシアなど古典古代を参照するからというだけではなく、彼女が哲学的関心から永遠や不死の時間性に注目しているためである。不死の時間性についての議論は『人間の条件』にみとめられるだけでなくアーレントの議論にたびたび出てくる概念であるが、哲学的関心が政治理論に影響を与えている例と言える。

活動に対する見下しの原因であるような観想の対象である永遠を唯一の持続性として地上の生に持続の可能性を求めない価値観に対して、アーレントは地上における持続性（行為や制作による持続性）を論じ、それに価値を与えようと試みる。その第一段階として、そして従来の哲学の問題点をあらためて指摘するために、『人間の条件』は持続の時間性の比較をおこなってみせるのである。

我々は永遠と不死の対比をとらえ、古代ギリシア人や古代ローマ人の願望としての不死化（immortalizing）について見る。それはそれが政治によって達成されることを諦められ、思考の限られた経験となることで行為が意味を失う過程の確認でもある。まず、この地上の持続性――不死の時間性がどのように活動的生の目標たりえるかを見る。

時間性の観点から見るとき、『人間の条件』の目的は、観想と労働のそれぞれが支配的な様式として持つ時間性から脱し、人間の活動のそれぞれの意義を再評価すること、永遠と区別された不死を理想とする領域における活動を再評価することにある。

アーレントは不死を得ようとする人びとの個別の努力を再評価した。しかし、他方で、行為に与えられる名声はそれをおこなった行為者それぞれに直接与えられうるものではない。

人間の行為は、多くのしかも競合する諸目的が追求される関係の網の目のなかに投げ込まれる以上、その当初の意図を貫徹することはおよそ不可能である。作者がその作品を自らのものとはっきり認めうるのに対し、行為の場合には、同じような幸福な確実さで行為者がその行為を自分自身のものと認めることは所詮できない相談である。［BPF: 84-5=113］

したがって、不死への努力は個人の姿勢に関わるというよりは世界そのものに関わるものだ。人間の行為はその政治的性格をアーレントに注目されるとき、世界に「始まり」をもたらすものとしてあるが、行為自体は儚くともそれは「不死の名声」を得るべくしておこなわれる。行為が人びとの賞賛を得るにおいて、それは人間の一生を超えて持続性を得ることができるだろう。しかしながら他方で、その儚い性格は否定しようもない。

そのうえで世界の不死性を問題にするならば、行為だけではなく他の活動についても不死と永遠の間における取り組みを見る必要があるだろう。

というよりはむしろ、永遠と不死の区別に対する関心によってそれらの活動はアーレントに区別され、性格づけられたのだから、さまざまな能力の布陣が、労働と従来の観想に対置されるものとして置き直される可能性が示されたのであり、そしてこの視点の転換は制作や思考の政治性について考えてみるために重要な意味を持つのである。

こうしてアーレントの制作や思考を政治的なものと考えるために必要な基盤を得ることができた。我々はすでに制作が政治的なもの、思考が行為を対象とすべきであることを知っている。

たとえば、「死すべきものの任務と潜在的な偉大さは、無限の中にあって住処に値する、そして少なくともある程度まで住処であるもの――作品、偉業、言葉――を生み出す能力にある」[HC: 19=34]。作品（works）――そこには行為と同時に制作が含まれているではないか。

このように、行為のみならず制作や（観想ではない別の形の）思考もこの不死性の追求に係わる活動として読み込まれなければならず、それらの議論を眺める必要があるのだ。

アーレントによる不死と永遠の区別は以下のようである。

『人間の条件』によるなら、不死とは「時間における耐久性、この地上とこの世界において死ぬことがない生命」[HC: 18=33] のことであり、永遠とは「人間事象の、そして人間の多数性の、外部においてのみ」経験しうるものである［HC: 20=35］。端的に、「永遠」は時間からの離脱であり、「不死」は時間への参入である、と区別することができるだろう。

　永遠は、人間的な事象の外側、さらに人間の多数性の外側にのみ生じるが、その最たる例が永遠の存在として支配する神である。このような永遠に関係する観想的真理（古代ギリシアのイデア、キリスト教の来世）はこの地上のものとしての生を第二義的なものにしてしまう。キリスト教において分かりやすいが、それは現世的なものの価値を認めることなく、むしろ永遠の生のために死ぬ（犠牲になる）ことをよしとした。また、公的なもの（現世的な支配）は暴力にせよ権力にせよ死んだあとにも続くようなものではないということから、かえって私的なものとしての信仰が価値として上回る結果も生んだ。古代ギリシアは私的な信仰と公的な権力の転倒こそ起こさなかったものの、現世的なものの外側にこそ永遠普遍の価値があると信じられたものである。そしてそれにたどり着くためのものが観想であった。古代ギリシアの不死から永遠への転向はプラトンの手によって生じたと言ってよいだろう。彼によって「永遠なるもの」が哲学的な思考の中心には置かれることになり、観想は「永遠なるものの経験に与えられた言葉」となったのである［HC: 20=36］。

　それに対して、有限である人間的な事象においても比較的耐久性を持ったものが人間の活動にはありうるが、その目標として考えられているものが不死である。古代ギリシアにおいて地上の時間性の図式は円環的循環として理解されていたが、この循環にまじることができず、直線的に動くもの、そこにしかないいっときの住居にやすらうものが人間である。

そのうえ、人間とはそのような生の一時性にも満足できない。ゆえに不死として、人間的な活動にとって持続の目標となりうる地上における持続性として「時間における耐久性」を得ようと試みる。したがって、「不死への努力」が指すものは、人間的な時間の中に差し込まれた終わりと始まりがある線分的な営みとしてどれほど耐久性を持つかという問題であるだろう。

古代ギリシアの人びとにとって、不死こそまさに自然と神々に与えられるものと考えられていた。それでも、彼らはどうにかして「不死の偉業に対する能力、不朽の痕跡を残しうる能力によって、人間はその個体の可死性にもかかわらず、自分たちの不死を獲得し、自分たちが『神』の性格をもつものであることを証明しようと」試みてきた［HC: 19=34］。人間は死すべきものとしてこそ死に向かいあう存在であり、そのために偉業を成し遂げて不死を得ようとしたのである。

それが人間をして永遠を志向させてしまうこととならないのは、アーレントがこの世界の内側での永遠の成就不可能性を強調するからだ。アーレントは「思想家が永遠なるものにどのように係わるにせよ、自分の思想を書き記すために机に向かう途端、明らかに思想家は、とりもなおさず永遠なるものに係わることを中断し、自分の思想の痕跡をなにがしか残すことに注意を向ける」ことになる、と述べている［HC: 20=35］。哲学や芸術の活動がたとえその完全性においては永遠を志向するものであっても、それを世の中に形あるものとして現す際にはこの不死のように、循環の中での線分的運動に類する活動にしかならない。

このように活動的な生の源泉であり中核であったものは不死への努力であり、それはいつかは必ず死ぬ人間が抱く永続性への憧れの下に成り立っているとアーレントは語る［HC: 21=37］。

さらに、アーレントは「市民の生活様式である政治的生活」についても同様に「不死への努力」とし、そのうえそれは持続に空間性を伴うものとして求められている［HC: 20=35］。

公的領域を存続させ、それに伴って、世界を、人びとが結集し、互いに結びつく物の共同体に変形させるためには、永続性がぜひとも必要である。世界の中に公的空間を作ることができるとしても、それを一世代で樹立することはできないし、ただ生存だけを目的として、それを計画することもできない。公的空間は、死すべき人間の一生を超えなくてはならないのである。［HC: 55=82］

公的領域もとい人びとの共通世界は持続性をもっている。つまり、「私たちがやってくる前からすでに存在し、私たちの短い一生の後にも存続するもの」であり、「それが公的に現れているかぎりでのみ、世代の流れを超えて生き続けることができる」［HC: 55=82］。ひるがえって、『人間の条件』における無世界性の批判は、神の被造世界とは区別された人間の世界の非耐久性において為されるものである。いわく、「無世界性が政治現象として現れてくるのは、ただ世界は持続しないという仮定に立つ場合だけである」［HC: 54=81］のだ。

従来の哲学は永遠性を獲得することを持続の達成とみなし、その目的のうちに閉ざされていた。永遠は世界からの離脱を志向する時間性であり、地上の生に関心を持つことはない。それを批判しようとして批判対象にとらわれてしまったマルクスの観点もまた、人間の生を永遠に至ることのない束の間のものとして見るかぎりにおいて、労働の時間性を他の活動に敷衍するものでしかなく、従来の哲学さらには西洋政治思想の伝統を更新するに至らなかった。

我々がすべきことは、アーレントが問題にしているものが不死についての態度であるということから、彼女が新しい政治的経験から「新しい政治学」を生むことを求め、近代世界から古代世界までを振り返り批判的に論じた政治と哲学の関係を吟味することだ。

「哲学と政治」草稿においては、「地上の不死」をとりまく歴史的な変化について、たとえば以下のように、それに対する世俗化の影響や「歴史」というものの影響が示されている。

キリスト教国家によるヨーロッパ共同体が崩壊し、世俗化のプロセスが始まったとき、地上的な形での不死の問題は、全面的に変化した形で再び出現せざるをえなかった。このプロセスは、宗教と政治の分離のプロセスと言った方が正しいかもしれないが、制度化された宗教はすべての政治的意味を失い、最終的にはその特殊な政治的要素のほとんどを失い、政治はすべての宗教的承認を失ったのだ(1)。

歴史は、近代的な意識にとって、ポリスが市民に保証していたのと同じ潜在的な地上の不死性を保証している。しかし、ポリスが市民一人一人に不死なる名声という潜在的な不死性を保証していたのに対し、歴史は個々の人間にではなく人類に不死性を保証する。歴史というものはすでに、人類を過程の主体とみなし、個々の行為の作者である個々の人間をその中に埋め込んでいく概念である。(2)

アーレントの革命論における不死の問題はこのような歴史観において始まる。このとき議論の中心を占めているのは政治とその要としての行為だけではなく、哲学とその中心を占めてきた観想という営みである。それは、そこで主たる議論の対象となっているのが政治的な領域の態度ではなく、哲学的な真理により政治的な領域に対して圧制を敷いてきた哲学者がどのような姿勢を示すべきか、というものであったという意味においてである。

以上のように我々は、不死が永遠に対比されて区別される持続の時間性として政治的なものの目標となることを確認した。(3) 地上において始まりと不死があり、神のいる天上が永遠であり、そこから人間は地に落ちて生まれるがゆえに地上が始まりであるのではない。

『人間の条件』という著作はこの課題を引き継ぐからこそ、行為の活動をピックアップするだけでなく、「哲学者」の視点——人間世界の永続性を疑い、それを離れて（いわば見捨てて）、永遠を追求しようとする——から政治を論じることに対しても批判をおこなっている。

つまり、その目的として常に、持続を求めない労働の尺度に支配されることから脱し、活動それぞれの価値を再評価することがあり、さらに、この企図を持続の時間性の観点から見るときには再び永遠から区別されるべきであり、比較的持続しない不死の目標を再評価することの二つがあるということだ。

第二節　「伝統の終焉」と革命論の思考

第二節では、革命論が発展させた思考論の背景にあるものとして、革命論の悲劇性の原因であり、さらには第二章第三節と本章前節で見た「哲学と政治」論の前提となっていて、全体主義批判と革命論が共有する主題である「伝統の終焉」について見る。

革命論に関しては、それにとって重要な思考について特殊な時間性の存在が指摘されている。また、このことによってアーレントの時間感覚は二つに分かれることになる。

第一の時間感覚は日常的な時間感覚と同じく、現在から連続したものとして過去や未来をとらえ、意識の中で変化の流れが想定されている点が最大の特徴である。こちらは『人間の条件』における「出生」の概念と親和的であり、ここでの行為は制作と同様に過去から未来へと受け継がれることを前提にして考えられている。ゆえに、第一の時間感覚においては行為が生じる時間軸と行為以前や以後に持続している世界の時間軸は一致する。

第二の時間感覚は、第一のものが前提とする日常的な時間を離れ、過去と未来の間に「断絶」をもたらすものとして生じる特殊な裂け目に始まり、現在を過去や未来から切り離されたものとして考える。この「断絶」においてはこの二つの時間軸は重ならないため、忘却が普通になる。我々が単に生まれ落ちたという場所の時間軸は過去から未来へと進み、その流れにそって物事を経験する。しかし、回想や記憶がそれを概念化しそれに意味づけをおこなう時間軸は過去と未来に抵抗することで生まれる思考の時間軸に一致する。

革命論に現れる時間性の特徴は、第二のもの、アーレントによって「過去と未来の間の裂け目(gap between past and future)」と表現される時間上に発見される断絶にある。

この時間性についてアーレントは以下のように解説している。

彼女はカフカの寓話を引用しながら、持続しつづけている時間は限られた人生を持った人間、「彼」が登場することで過去・現在・未来という時制の中に解体されると述べる［BPF: 10=11］。「過去と未来の間の裂け目」とは、その「彼」――自分自身が起源となる誕生と終了としての死を持ち、そのためにいつでもその狭間にいる――が〈もはやない〉過去と〈まだない〉未来に抵抗する存在としてあることによって生じる。この狭間にある現在における時間性は、人の意志と無関係に流れる時間とは異なって、主観的であり非時間的なものだ。

けれどもアーレントの議論において、この「裂け目」は思考のための幅を持つことができる。ゆえにそれは時間を断ち切るのみならず持続性の議論として展開することになる。

『過去と未来の間』の序文においてアーレントは印象的な分析を行っている。それは、伝統の断絶したところで過去を拾い上げ、記憶し、伝えるための思考とその時間性に関するものだ[4]。アーレントはカフカの物語に欠けているものとして「思考が人間的な時間から飛び出ることを強いられずにはたらきうる空間的次元」を指摘する［BPF: 11=12］。これをアーレントは「非‐時間（non-time）」の小道や空間として描き、それは過去と未来の双方に抵抗する現在であり、時間の連続性に回収されることなく抽象的ではあるが空間的な次元を構成する。一方で、それらに対する抵抗という形で過去と未来に対抗する現在という地点に根を持つことができ、いわゆるイデア界を観想する場合のように人間的な時間を離れてしまうということはない。この着想はカフカの寓話の「発見」に起因する。ハイデガーへの手紙や『思索日記』での記述から、アーレントが新たな時間性に着目し始めたのが一九六七年頃であると分かる[5]。アーレントは一九四四年にもカフカについての記念論文を発表しているが、この論文において『過去と未来の間』において重視されているようなカフカの時間感覚に触れられることはなかった[6]。したがって、アーレントが「裂け目」を描き出すためにカフカを引用しているのは、これはこの時期の新たな「発見」であったと言えるはずだ。

アーレントは、この「非‐時間の小道」や「非‐時間の空間」について「自分たちのための現在、あるいは、無時間的な作品を作り出し、それによって自分たちの有限性を超越してしまえる、一種の無時間的時間をもうける」ことだと言う［LMI: 211=242］。この思考の時間は連続したものと考えられる日常的な時間とも超越的な永遠とも異なっており、『人間の条件』が対比させた時間感覚――人

間的な領域において生き残る不死と人間的な領域の外側にある永遠――がここでは破棄されていると
いうことを示している。

このような「二重化された時間感覚」は、アーレントの革命論における「始まり」と持続のとりが
たいバランスにおいて生じてきたものであると我々は確認することができる。

革命は連続性を断ち切るような新しさを持つものとしてアーレントによって描かれてきた。それは
「古い秩序の終わりと新しい秩序の始まりのあいだにある裂け目」として、「時間を連続的な流れとし
て考える普通の時間観念からは逸脱している今までにはない思索のなかに入りこんでいる」と表現さ
れている［OR: 197-8＝328］。また、それは「直接的かつ必然的に我々を始まりの問題に直面させる唯
一の政治的出来事」と定義されているものであり、党派闘争（スタシス）のような混乱や統治形態の
変化や循環といったものとは明確に区別されている［OR: 11＝27］。このような革命理解は、我々がこ
れまでに調べてきた革命の成果に権威を付与すること、その困難な道のりにおけるあまりにも新しい
ものとしての「始まり」の特徴と合致したものである。

『人間の条件』の場合、行為はアーレントがいうところの「過程性」を特徴に持つ。その時間性は
断絶とは異なった連続性のもとでとらえられ、始まりをもたらすものではあるけれども必ず時間的な
幅を持っている。アーレントは行為それ自体にも耐久性を認めるが、この耐久性はまさに行為の時間
的に区切りのない性格による。(7)『人間の条件』の議論で行為を制作から巧妙に遠ざけていたものはこ
の過程性であり、アーレントが演劇を評価するのも、それが行為の時間的な流れをそのまま再現がで

きるからであった。このように日常的な持続性によっては現在から連続したものとして過去や未来がとらえられ、意識の中で過去から未来への流れが想定されているという点が最大の特徴であると言える。

たしかに『革命について』で論じられていたのは自由の出現する過程とそれを破壊することなく持続させる制度であるが、それは単に『人間の条件』的な自由な行為の空間の始まりと安定の実践的過程を引き継いで論じられるものではない。『革命について』において、革命には「安定性に対する関心と新しいものの精神」という矛盾する二つの欲求が共存していると度々語られた。より重要なことは、政治的な自由の始まりが特殊な「古い秩序の終わりと新しい秩序の始まりのあいだにある裂け目」にあるとされていたことだ。要するに、『革命について』における時間性は過去から未来へという連続性を前提としていない。

本書は先行研究の整理において、この革命の時間性にあり持続と特殊な関係を結ぶ「裂け目」は、「始まり」に注目する際には本来的な世界への跳躍を生む契機としてのみ理解されてきたものだと指摘した。しかし、この「断絶」はむしろ持続のための契機として見られるべきである。それが「断絶」としかみなされないのは、アーレントに責任があることでもあり、それは彼女が結論にたどり着いていないからである。しかし、結論は得られないとしても、アーレントがそこで取り組んでいた問題を我々は認識し、理解すべきではないだろうか。

こうした断絶の強調と思考による持続の両立可能性は、それでもなお思考の場所と革命の場所の時間・空間的共有のために保障されることが、その時間論の一致から理解できる。アーレントに従うことで思考は本性上革命の始まりを理解可能な営みと分かるだろう。

政治的なものがそこにある（ときどき現れる）ということを我々は分かっている。そのことを我々が分かっているということ、それ以上のことをどうしたら言えるのか。「失われた宝」がそこにあるという印——その確かさについてどのように考えることができるか。

本章で再度理解しようとわれわれが試みるのは、第四章でも見た『革命について』における憲法の議論、すなわち革命の成果として新たに政治体を作り上げ、持続させようとする試みである。

我々は制作については法作成との関係から政治的なものの持続を描いてきたが、革命の権威は必ずしも立法行為の権威から構成されていないことを理解しておかなければならない(8)。アーレントの権威論の具体例は法よりもむしろ上院と最高裁判所の議論であったからだ。

法論においてノモスはレックスによって補助され、更新されたとも言えようが、「約束」や法論を逸脱して持続性について論じる「古代ローマ的なもの」の参照としては権威論も存在する。

『革命について』の法や権威の議論は「自由とは何か」（一九五八年）における古代ローマの例示、「かれらの父祖が都市を創設することによって打ち立てた始まり」を引き継ぎ、担い、「増大」させることとしての「自由」の描写を引き継いでいる［BPF: 165=225］(9)。

アメリカ革命の人びとは「何かまったく新しいことを始めるという『革命的』行為とこの新しい始まりを幾世紀にわたって保護するという保存の配慮は内的に連関している」という発想を抱いている

［OR: 194-5=324］。さらに、アメリカ憲法の真の目的は、権力を制限することではなく、もっと大きな権力をつくりだすこと［OR: 145=239］とされ、このような領土拡大のイメージもまさに古代ローマ的であり、「約束」概念を超えたものである。

アーレントの革命の権威解釈とローマ的権威を以下のように比較することができる。

一般に革命は伝統との徹底的な断絶であると見なされているが、我々の文脈では、革命は人びとの行為が依然としてローマの伝統の起源によって生気を吹き込まれ、また人びとの最大の力がその起源から引き出されている出来事としてその姿を現す。［BPF: 141=191-2］

「最高の人間的徳」が立法行為や支配ではなく「新しい国家の創設」や「すでに創設された国家の保存と増大」に生じていると考えられていたローマ的な権威の在り方はアメリカ革命の人びとにも、アーレントの権威論および革命論にも、示唆的であった［OR: 193=322］。アメリカ革命の「建国の父」たちは「創設者」を自認していたとアーレントは語り、彼ら自身が新しい政治体の権威の源泉についてそれが創設の行為そのものにあり、現世を超えたものにはないとよく知っていたと彼女は語り、意味を見出している［OR: 196=326］。

アーレントが「アメリカの憲法崇拝はなお続いている」［OR: 196=326］と言うとき、それはこのローマ的な「創設」かつ「増大」としての権威が機能しているということを意味する。

たしかに法の議論は権威の問題と強く結びついている。フランス革命の大きな致命的不運は、どの憲法制定会議をとっても、一つとして国法を定めるのに十分な権威をもてなかったということにある〔OR: 156=255〕とアーレントは語る。このためにフランス革命の人びとは十分な権威を得ようとして絶対者の探求に乗り出すことになってしまった。それは「あらゆる始まりが不可避的にまきこまれる悪循環を突き破る」ためのものであった[10]。

まさに、フランス革命は地上の生の頼りなさに屈し、超越的なものを用いて新たに打ち立てられた永続する政治体のための仕組みを求めようとしていた。法的には、フランス革命は「不死なる立法者(Immortal Legislator)」を必要としていた。それは三つのもの（単一の絶対的主権・絶対的不死性・絶対的権威）の要求であったが、なかでも不死なる立法者は「政治的領域には神的な原理やある種の超越的承認が必要である」という問題と呼応してその必要が生じたものであった〔OR: 177=300〕。しかし、絶対者としてそれを求めることは無意味である。

新しい政治体の権威の源泉は結局のところ「不死なる立法者」とか「自明の真理」とかその他の絶対的で現世超越的な源泉などではなく、創設の行為そのものでしかないということをアメリカ革命の人びとはよく知っていたのだ、とアーレントは語る〔OR: 196=326〕。アメリカ革命の人びとがならうこのローマ的な権威とは、権威主義的統治を理解するために「ピラミッドのイメージ」〔BPF: 98=133〕に当てはめてみるときであってもその特徴としてみとめられるのは頂点に置かれるものが「過去の深みに沈降している」ということであった[11]。

しかしながら、アメリカ革命論における憲法はいまだ「政治体の始まりをめぐる難問」を抱えている。それがなぜ難問なのかと言えば、その始まりが始まりであるかぎりにおいて、その創設以前において正統性を求められるような源泉がないことを意味するからである。

革命が生み出す権威は一から作られるか、あるいは、復古的なものでしかありえない。しかし、復古的であるかぎりアーレントによって革命の新しい「始まり」とみとめられるものではない。一から作りだされる権威――「始まりの原理」はどのように求められ、その在り方ゆえに達成されないものは何であり、それはどのように革命論の課題になるのか。

本研究は繰り返し確認してきたが、アーレントは、一八世紀から一九世紀に未曽有の「始まり」である革命という前代未聞の出来事に応えて「新しい政治学」が要請されたが、「歴史的必然」というその「始まり」にはふさわしくない形で対処されてしまったと考えている。

> 革命の時代がやってくるまでは、始まりそのものが、いつも神秘のなかにとざされ思弁の対象にとどまっていたという単純な理由から、概念的な思考のなかでは完全に明確化されなかったのである。（……）このような伝説の事実的真理について我々が何を発見しようとも、その歴史的意義は、どんなふうに人間精神が始まりの問題、つまり歴史的時間の連続的な連鎖のなかに割りこんできた非連続的な新しい出来事の問題、を解決しようとしたかという点にある。［OR: 196-7=327］

このような「偉業の始まりと原理の現前」が革命であり、アーレントによって、革命によって生まれた新しい政治体の権威の源泉は「創設の行為そのもの」であるべきとされている。

ひるがえってこの〔ローマの〕先祖たちが政治体における権威たりえた理由はただ一つ、まさに彼らがこの政治体を創設したためであり、彼らこそ「建国の父」だったからである。いいかえると、ローマの都市国家の創設者たちはローマ元老院議員を通じて姿を現し、彼らとともに創設の精神、すなわち創設以後ローマ人の歴史を形成することになった偉業の始まりと原理は現前したのである。〔OR: 193=321〕

アーレントは、ローマ的文脈における権威は必ず「増大」するものであり、それ以上のことではなく、「いっさいの革新と変化は創設にさかのぼって依然として結びつけられており、同時にその革新と変化はその創設を増大させ、増加させる」と語っている〔OR: 194=323〕。

この理解に則して言えば、「アメリカ憲法の修正条文はアメリカ共和国の原初的な創設を増大させ、増加させている」と言うことができる。そして古代ローマにおいても、創設の行為から同時に発生する権威と伝統と宗教の一致がローマ史のバックボーンであり、このために延々と変化が互いに結びつき、「変化はただ古いものの増大と拡大しか意味しなかった」し、領地の征服を合法とする根拠にもなっていたのだ［BPF: 193=322］。

しかし、このことは、アーレントが出来事の意味を読み解く革命論にそのままの形では当てはめられない。権威が増大や増加を意味する augere を語源としていたことをアーレントは強調するが、古代ローマでは創設精神の生命力さえ十分であれば、先祖によって打ち立てられた創設を増大させ、増加させ、拡大することができていた。ローマでは実際に後継者がつぎつぎと連なっていくことが「権威のなかにある」ことを意味していたのであり、あるいは領地を拡大することであり、それは敬虔な回想と保存のうちに先祖の起源にさかのぼって結びつく「宗教的な」ふるまいだったのである。

アメリカ革命が政治的空間および世界の外部に「絶対者」を求めず、始まり自体を原理として（「始まりの原理」）権威の源泉とすることを選んだことは賞賛に値するとアーレントはたしかに語った。しかし、それは『革命について』の最終章において、持続という観点からは悲観的な結末を迎えさせたものであるように見える。

アーレントは古代ローマ的な権威概念に対する期待を語った後、論調を変化させる。

この奇妙な事実を考えてみると、新しい政治体を積極的に創設したという出来事それ自体の記憶が依然として続いているために、この行為の実際的結果であるこの文書そのものが敬虔な畏敬の雰囲気のなかにずっと包みこまれていて、雰囲気のおかげで出来事と文書の両方が時間の攻撃や環境の変化から保護されてきたのであると結論したくなるだろう。そして、狭義の意味における

> constitution の問題がもちあがる場合でも、その行為そのもの、その始まりそのものが記憶されているかぎり、共和国の権威は安全であり、無傷のままであろう、と予言さえしてみたくなるだろう。〔OR: 196=326〕

はっきり言えば、そうしたくなるのだが、共和国の権威は安全ではなかった。

だからこそ『革命について』のアーレントは古代ローマ的な法や権威の形では「世界」の安定と永続のためには不十分であるということを認めなければならないだろう〔OR: 174=295〕。さらに、『革命について』の法の議論がとん挫したことも認めなければならない。

フランス革命の革命家たちは超越的な「絶対者」の概念を用いてしまったし、アメリカの創設者たちの議論は実際のところは古代ローマに範をとった過去にすでに生じた始まりを用いるのと同様の「保存と増大」による持続であるとしか認識していなかったのである。

ジェファソン以外の革命家たちはこの問題を認識していなかった、とアーレントは語っている。アメリカ革命の人びとにも革命精神は当然あるようなものに見えており、「革命精神をどのように保持するかという明白な問題」を問うものはいなかったし、そのために革命後にもそれを守る仕組みを憲法に織り込むことができず、革命精神は失われていった[12]。

逆説的に響くかもしれないが、アメリカで革命精神が死滅しはじめたのは、実際、アメリカ革命の影響によるものだった。というのも、アメリカの人びとからそのもっとも誇るべき財産を騙し取ったのは、彼らの最大の成果であるアメリカ憲法そのものだったのだ。［OR: 231=385］

さらに革命における権威の難問については、それが政治的権威を失墜させて生じるものではなく、失墜の結果に生じることが強調されなければならない［OR: 107=178］。

一般的にいえば、政治体の権威が本当に無傷なところでは、すなわち、近代的条件のもとで、軍隊や警察が文民の政府に服従すると信頼できるようなところでは、革命は不可能だと言っていいだろう。革命はその最初の段階では驚くほど簡単に成功するように見えるものだ。その理由は、革命を遂行する人びとが最初にすることは、明らかに崩壊している旧制度の権力をただ拾いあげるだけだからである。［OR: 106-7=178］

このことは歴史的にも事実であるのだとアーレントは語っている。

たとえば、アーレントがモンテスキューに依拠して言うのは、彼がフランス革命の勃発する数十年も前に「ヨーロッパの人びとはまだ習慣や慣行によって支配されていたものの、もはや政治的にはくつろいだ気持ちをもっておらず、自分たちがそのもとで生活している法律を信頼せず、自分たちを支配している人びとの権威を信じていなかった」ことを見てとり、そのために彼は専制の再来を懸念していたということだった〔OR: 107=179〕。

このモンテスキューの洞察は「宗教・権威・伝統の古いローマ的三位一体」が崩れる過程として近代の政治過程を観察した結果である。そうして崩壊の後の空白に革命が生まれる。あるいは、そこに空白としてある神の座を何らかの権力が占めることになるだろう。


権威は不動の隅石たる過去を基盤とすることによって、世界に永続性と耐久性を与えるが、人間存在がこうした永続性や耐久性を必要とするのは、まさしく人間が死すべきもの、我々が知るもののうちで最も不安定で虚しい存在者であることによる。権威の喪失は世界の土台の喪失にも等しい。じつに権威が失われてからというもの、世界は次第に速度を増しながら矢継早に姿を転じ、変化しながら、自らを変形し始めた。〔BPF: 94-5=128〕

つまり、革命は権威に抗して始まるものではない。アーレントが「始まり」に価値を見出すとき、革命の人びとの試行錯誤を見てなおそれを完全に解き放たれた断絶と見ているわけではないのだが、それでもそれは実際には断絶となってしまうものとしてある。

革命において創設・行為・憲法の三つ組を描こうというのはこの空白を何らかの姿で占拠しようということを意味する。したがって、革命において権威の創出は極めて難しい試みである。なにしろ革命が生じる前提としての権威の喪失であるから、それを意図的に修復するというのは大変なことだ。

以上のように、政治体の創設を主題とする『革命について』においては、政治的なものがより権威の不在に直面することになり、持続それ自体の困難に直面していると分かる。

アメリカ革命の悲劇的結末、このために革命論においてある種の「破綻」が見られることは『革命について』より前にアーレント自身によって気づかれていたものだった。アーレントがこの著作の中で定期的に失敗を思い出させる理由はこの「破綻」に求められる。

> 革命精神を記憶しそれを概念的に理解するための革命後の思考の失敗に先立って、革命が革命精神に永続的な制度を与えることができなかったという失敗があった。[OR: 223-4=375]

アーレントの革命論の基底には、ある種のペシミズムが蔓延している。それは革命に観察されたような行為と自由の経験はほとんど（革命の人びとによってさえも）その希少さに気づかれることがなく、ゆえにたやすく失われることが運命づけられているというものだ。

思考論の背景にあるのは、アーレントの全体主義批判と革命論の奇妙な一致を説明するものである。そして、革命論にある持続の困難が示しているものは、革命という現象とアーレントの議論が前提とする全体主義という状況との重なりに共通して生まれる権威の不在という問題である。アーレントが抱く権威に対する危機は伝統の不在とほとんど同種のものとして語られているが、この不在は何もないことを結論とするのではなく、その空席の不本意なのっとりをも意味している。

伝統の終焉は、伝統的な概念が人びとの精神に対して働かせる力（power）を失ったことを必ずしも意味しない。それどころか、伝統がいきいきとした力（force）を失うにつれ、また、伝統の始まりの記憶がなくなるにつれて、使い古された観念やカテゴリの力（force）はいっそう暴政的なものになるように見えることがある。伝統の終焉を迎えた後に、もはや人びとが伝統に反抗することもなくなってから、ようやく伝統がもつ力（force）の全貌が明らかになることもあるのだ。［BPF: 25-6＝32］

アーレントはこの「終焉」をマルクス論[13]において論じ、また、その部分はほとんどそのままの形で公表され、『過去と未来の間』に収録された[14]。この終焉は一八世紀の革命によっても、一九世紀の伝統に対する反抗によっても起きたものではなかったし、また、二〇世紀の経験もその「余波」にすぎなかった。この伝統に終焉をもたらしたのは「政治の舞台における大衆の困惑と精神の領域における大衆の意見とのカオス」であった［BPF: 26＝32］。

われわれがこれまでに見てきたように、革命精神の喪失や現代政治の危機の原因は権威の不在に求められるが、この権威の不在はまさにこの終焉の根幹を表現しているものだ。

伝統の欠如という観点から、我々は全体主義批判における無世界性の現象とアメリカ革命における「裂け目」の現象になぜ共通点が見られるのかについて理解することができる。

このような権威の不在が示しているのは、我々が「神聖な始まりに対する宗教的信頼も、伝統的であるがゆえに自明な行動（behavior）の基準も欠いた状態で、人間の共生という根本的な問題にあらためて直面させられている」ということである［BPF: 141＝192］。

たとえば第三章の議論から政治共同体に対して与える限界の必要以外に浮かび上がるものがあるとすれば、それは、我々がアーレントの政治理論を読み解く際にいかに世界の不安定性を無視してきたか、すなわちいかに「今ここ」で行為を始めることしか眼中になかったか、ということであっただろう。そして、これから見ることになるのは、アーレントにとって世界がいかに不安定なものであったか、いかにその持続を難しいと考えていたか、ということであるだろう。

アーレントがアメリカ革命に対する賞賛をよそにそれが厳密な意味では失敗に終わったという点を見逃さないのは、彼女が最初から抱き続けている伝統の終焉という現象に対する関心と全体主義的なものに対する無世界性の発見ゆえであると言うことができる。

権威についての悲観的展望はアーレントが「自由とは何か」を発表した一年後、さらにはアーレントが「革命」についての講義をおこなった一九五九年に発表された論文である「権威とは何か(15)」の中ですでに明らかにされていた。

もはや我々はすべての人に共通する、疑いの余地なき真正な経験を頼ることができないために、権威という言葉そのものが論争と混乱によって曖昧となってしまった。かろうじて政治学者だけ

> が、権威の概念はかつて政治理論にとって根本的であったのを覚えているにすぎない。また今世紀において近代世界が発展するにつれて、権威の危機はますます拡大深化しつつあるのをほとんどの人が認めている。〔BPF: 91＝123〕

さらに、アーレントはこの論稿で特定の権威をなにがしかに見出すことができているわけではない。この悲観的な見方の前提となっているものは革命の失敗である。革命は「ローマ＝西洋的伝統が危機の時代のために準備した唯一の救済」のように見えるのだが、実際にはそのように機能していないものとしてこの論稿の中で描かれている〔BPF: 141＝192〕。結論部において彼女は「二〇世紀のさまざまな革命のみならず、フランス革命以後の一切の革命が失敗し、復古か暴政に終わった事実は、伝統が手渡すこの最後の救済手段でさえも十分ではなくなったことを暗に示している」と語っているのだ〔BPF: 141＝192〕。すなわちそれは『革命について』の終わり方と同じ「不在」を示している。

> 我々がかつて知っていた権威、つまりローマの創設の経験から成長しギリシアの政治哲学に照らして理解された権威は、さまざまな革命によっても、またそれ以上に望み薄い手段である復古によっても、ましてや時折世論を風靡する保守的な気分と傾向によってはなおさら、どこにも再＝樹立されることはなかった。〔BPF: 141＝192〕

革命の失敗について、革命論の中でさまざまな安定のための手立てが講じられていたことを第四章で我々は確認している。

「権威とは何か」においてもアーレントがアメリカ革命の創設を「暴力を用いずに、憲法の助けでまったく新しい政治体を創設した」ものと評価していることに注目しよう［BPF: 140=191］。彼女はこのとき憲法が革命精神を喪失させたことには言及していない。その代わりに、アメリカ革命の成功は「人びとの行為が依然としてローマの伝統によって生気を吹き込まれ、また人びとの最大の力がその起源から引き出されている出来事」として示されている［BPF: 140］。つまり彼女はこのときアメリカ革命論を楽観的なものにとどめるが、反対に、我々にとってはこの種のローマ的な権威がもはや樹立しえないものであることが強調されることを意味する。よって、「人間の共生という根本問題」に直面する我々は、権威に関して抱える課題がもはやアメリカ革命の問題ではなく、ローマ＝西洋の伝統という「伝統が手渡すこの最後の救済手段でさえも十分ではなくなった」時代において、我々がこの権威の問題にどう応答しうるかという問いになっていることを理解するだろう［BPF: 141=192］。「創設の行為そのものが含んでいた権威」について考えてみるとき、古代ローマ人にとって権威というものが過去を礎に成り立つものだったということ思い出す必要があるだろう。

権威は不動の隅石たる過去を基盤とすることによって、世界に永続性と耐久性を与えるが、人間存在がこうした永続性や耐久性を必要とするのは、まさしく人間が死すべきもの、我々が知るもののうちで最も不安定で虚しい存在者であることによる。［BPF: 94-5=128］

このときアーレントは権威の喪失について「世界の土台の喪失にも等しい」と語っている。権威が失われた世界では、「世界は次第に速度を増しながら矢継早に姿を転じ、変化しながら、自らを変形し始め」［BPF: 95=128］、世界は変転し続けるだけのものになってしまう(16)。

これまでに見てきたような持続性の課題と無関係ではない権威の危機に関する議論は、アーレントの最初の政治的な関心、全体主義批判の議論と密接に結びついている。

二〇世紀初頭から目につくようになったこの危機は、その起源と性格において政治的なものである。政党制度に取って代わろうとする政治運動の台頭と、新たな統治形式である全体主義の発展の背景には、あらゆる伝統的権威が多かれ少なかれ全般的、劇的に崩壊したことがある。権威の崩壊は、全体主義の体制ないし運動そのものが直接もたらしたものではなかった。むしろ、政党政治が威信を失い、もはや政府の権威が認められないような一般的な政治的＝社会的雰囲気に乗ずるには、体制であるとともに運動でもある形式をとる全体主義が最も適っていると思われたのである。［BPF: 91=124］

このようにアーレントが革命について論じ続けたことの背景には、彼女の政治理論と切り離せない全体主義批判と革命論の重なりがあることに我々は十分に注意するべきだろう。

アーレントの革命論において観察される権威の概念は古代ローマに範をとっているが、実際には古代ローマ的権威の復古を求めているわけではなかった。革命という「始まり」は伝統や復古という概念――つまり「過去」によって権威づけられるものではない。むしろ、革命という「始まり」は望んでその過去とも未来とも切り離された「裂け目」を引き受ける。

そのうえ、人間にとって政治体が不死的でなければならないという課題についても革命論を超えてアーレントの課題となっていたものであることを理解しなければならない。

我々は第二章第三節で彼女のマルクス論を見たときから彼女がずっとこの問題と格闘してきたことを知っている。彼女の最初の取り組み（「新しい政治学」構想）において、アーレントが主張していたのは、西洋政治思想の伝統に対して永遠を志向するのではない思考と、この世界の中で不死を叶えるような持続を目指す行為の組み合わせの必要であった。

このように、革命論と全体主義批判が重なりあうところには、権威の問題として生じた「伝統の不在」において新たに「不死性の追求」を目指すという持続性の課題が見つかる。

アーレントは伝統の終焉を「取消不可能なもの（irrevocability）」として描き出している［BPF: 27=34］。それは「確定的な事実」であり、「この断絶は誰かが意図した選択の結果でもなければ、今後われわれの裁量でどうにかなるものでもない」［BPF: 26=32］。しかし、「取消不可能という性質は出来事に固有のものであり、思考はけっしてこの性質をもたない」［BPF: 27=34］。ここにアーレントによる思考論がもつ可能性の立脚点があると言える。

『全体主義の起源』においても『人間の条件』においても、世界性の維持は行為だけが担うべき課題とされてはいなかった。第一に、法的な仕組みが必要とされていた。たしかに、政治的なものとして得られる他の人間と共にあるという基本的経験は行為によるものである。しかし、アーレントは法を、政治がもたらす「他の人間と共にある基本的経験」の可能性を保障し、さらには個々の人間を超えて継続するものである共同の世界がそれに先行することでそれを可能にするようなものとして描いている［EUTH3: 957=280］。世界は行為だけでは維持されない。

さらに、我々は意見に際限を与えるための仕組みについて見てきた。アメリカ革命において観察された政治的なものは、政党などに委託させることを避けた点でも万人に開かれたものではあったが、複数の人びとの間で意見としてふさわしい形に磨き上げることが求められ、またはより賢明な機関において「公的見解」に至るまで「精製」されなければならない。

どのようにすれば革命において行為と思考が充実した関係を築けたのだろうか。行為と思考の関係を見るうえで重要な事例をアーレントはいくつか挙げている。本節の残りの部分では思考と行為の密接な関わりを描いたものとして、三つの事例について順に観察し、理解する。

政治的なものにふさわしい思考とは何かⅠ（イデオロギー批判）

困難なアメリカ革命論の「思考」よりも先にアーレントによって行為と思考の関係がみとめられ、描かれていたものがハンガリー革命論であることを我々は知るべきである。ハンガリー革命論においてはさらに具体的な例をもって思考の重要性が論じられていた[17]。

ハンガリー革命論に見られる思考と行為の相互依存的な関係は、思考や行為の議論が何に対する批判であるかということについて考えるときにより正確に理解される。

ハンガリー革命は革命（revolution）よりも動乱（uprising）の語をもって呼ばれることが多いが、それは一九五六年にブダペストで、政府に対して起こされた市民の蜂起である。それは学生のデモから始まり、労働者も巻き込んで、ソヴィエト連邦の圧力に抵抗したものである。アーレントはこの動乱を革命として高く評価した。この蜂起は多くの犠牲者と亡命者を伴う形で鎮圧されたが、結果として勝ったか負けたかということは問題ではなく、ハンガリー革命の人びとは、打ち負かされ恐怖させられた人びとがなお公的な領域で「行為」する強さを持っていたことを世に示したのであり、これは稀有な功績であると彼女は語る[18]。

さらに、こうしたハンガリー革命の評価には、アーレントの革命論の特徴と呼ぶべきものがすでに含まれている。評議会に対する評価はもちろんのこと、それは、まったく新しいものとして革命を評価しようとする姿勢であったり、解放と自由の間にある相違を強調する態度であったり、歴史（歴史法則）の自動的なプロセスから逃れさせる形で革命に歴史的な評価を与えようとする努力であったりするが、これらの評価軸は『革命について』にも見られるものである。たとえば、それは以下のような類似に観察することができる。

ハンガリーで起きたことはほかのいかなる場所でも起きたことのないものであったし、この革命の一二日間は旧ソ連軍がナチス支配からこの国〔ハンガリー〕を「解放」してからの一二年間よりも多くの歴史を含んでいる。(19)

これらの伝説がなにかを教えているとすれば、その教えは、自由は解放の自動的な帰結でもなければ、新しい始まりは終わり＝目的からの自動的な結果でもないということを示している。革命とはまさに、終わりと始まりのあいだ、すなわち、もはや存在しないもの（no longer）とまだ存在しないもの（not yet）とのあいだにある伝説的な裂け目であった――少なくともアメリカ革命の人びとにはそのように思われたにちがいない。［OR: 197=328］

そこには革命という現象にみとめられるまさに比類のない新しさの強調が見てとれる。このような類似は、革命の定義としてアーレントの所見に変化がないということだけでなく、ハンガリー革命論をもとにして、言い換えるならば、当時の革命を伴う社会主義体制による全体主義的支配を批判するべくして、アメリカ革命についての議論もなされているということを意味している（近代革命批判としての「哲学と政治」論稿からこれらのものは一連の議論なのである）。『革命について』でも、この革命をめぐる西洋の伝統そのものを論じるために、アーレントはフランス革命とアメリカ革命の比較を選んだというわけだ。

アメリカ革命論がハンガリー革命論の延長にあることは「革命と自由」[20]（一九六一年）や「自由のための自由」[21]（一九六六－七年）にもっともよく現れているのだが、これらの草稿ではハンガリー革命だけでなく、フランス革命と一致するような顚末をたどったものとしてキューバ革命にもふれられ、『革命について』に見られるようなフランス革命とアメリカ革命という対比の構図で語られる革命論が、当時の社会主義諸国で起こる革命の刻々と変わる状況を文脈として語られていることがよく分かる。また、「自由のための自由」においてアーレントは、社会主義革命は西洋の伝統からの脱却を主張しているが、その革命そのものが実は西洋の伝統の潮流に沿うものであるとし、それを論証しようとしている。[22]

このようにアーレントの革命論の出発点として重要なハンガリー革命論であるが、それではここでの思考の議論とはどのようなものであっただろうか。

ハンガリー革命論における思考の議論をとらえようとするときに重要になるのは、『全体主義の起源』においてアーレントがおこなっていたイデオロギー批判である。

アーレントのイデオロギー論がどのようなものであるかを理解しなければならない。

全体主義批判としてアーレントはそれを論じるが、それは全体主義に特有の要素ではないともされる。しかしながら、イデオロギーに固有の本質に光をあてたのは全体主義支配であったし、また、全体主義特有の要素がイデオロギー的思考の特徴と一致してもいる。

その三つの特徴をアーレントは以下のように挙げている。(23) 第一に、実際には転変する歴史に依拠しているにもかかわらず、世界を全体的に、また自然のものとして、説明可能であるようにふるまうこと［EUTH3: 964=286］。第二に、五感で知ることができるような経験的な事実を無価値なものとみなし、そうした現実から解放されることをよしとし、代わりに、五感に与えられるリアリティの裏側にそれを支配している別のリアリティがあるのだと信じさせること［EUTH3: 964=287］（俗に言われる「陰謀論」とも呼べるだろう）。第三に、一つの前提から演繹的方法論を使って現実にはありえないような完全な一貫性を導き出させるというやり方［EUTH3: 965-6=287-8］。こうして一度前提が決まってしまえば現実的な経験から何も影響を受けることなく自己運動を展開する思考様式が誕生するのである。

こうしたイデオロギーに対する批判が、一九五八年の「全体主義的帝国主義――ハンガリー革命についての考察」において、ハンガリー革命論における思考論の基礎をなしている。(24)

アーレントはこの論稿の中で、資本主義と社会主義という図式を超えて、作り出された虚構にもとづく支配と我々が事実に対して感じうる経験的に理解することができるようなリアリティにもとづく支配との対立こそが重要なものであると主張している。

全体主義の脅威を資本主義社会と共産主義社会の間の比較的害のない紛争を尺度として測ろうとするのはありふれた間違いである。それは、全体主義的虚構と事実性（factuality）を備えた日常的世界の間の危険な矛盾を見逃すことになる。（……）生存はもちろんのこと、人類の自由さえも、自由市場経済次第である。だが、生存も自由も、あるがままに事実を認識し、あるがままに世界の事実性を受け入れるよう世界のもう片方の部分〔共産主義陣営〕を説得することに我々が成功するか失敗するか次第なのである。(25)

アーレントにとって、このような「我々が生きる事実性に基づいた世界と全体主義的虚構との間の危険な矛盾を見逃す」ことは『全体主義の起源』以来の問題であるにちがいない。

さらに、このとき彼女のいう真実（truth）とは、公理的な正誤ではなくて、基本的な事実（fact）のレベルでそれが経験されたものであることを意味している。それらのリアリティを持つはずの事実を公理からの論理的演繹によって消し去るものこそがイデオロギーであってみれば、それに対抗しようとする場合に新たな「より正しい」テーゼによって反駁することには意味がないだろう。実際に、ハンガリー革命においてアーレントに称賛されるのは、イデオロギーに隠ぺいされているがそこに実際にある抑圧が革命の人びとによってあるがままに認識され、そのために自由が要求されたということの方なのだ。

ハンガリー革命がアーレントに問わせるもののひとつは、真実と嘘とを見分ける能力が人びとから失われないまま残っていたのはなぜか、ということであった。[26] しかし、この革命に対して驚きに満ちた称賛を示す一方、アーレントは次のようなことを述べる。自由と真実の間にある関係について、こうした東欧の状況を見て、人間の本性は変化せずニヒリズムは無力だと言うことはできない。さらに、植え付けられたイデオロギーを克服することを教えずとも自由と真実に対する希求は人間の頭や心から自然に湧き上がってくるもの、などという結論を導きだすことはできない、というものだ。[27]

実のところ、ハンガリー革命のような暴動は全体主義的支配がかなり短い期間の経験で終わった国において起こったものであった。この事情を考慮してアーレントは、人びとがイデオロギー的思考に陥らない思考様式を持つためには、「行為」が必要であるという結論にたどり着く。他者の経験が持つ事実的なリアリティの持つインパクトはそれについて話されることで発揮されるということ、それが確かなものとして残るためには他者とコミュニケーションをとることが肝要になるということを彼女は示唆している。[28]

以上のように、アーレントのハンガリー革命論において思考の議論がなされる際にそれはイデオロギー批判かつそれを可能にしてしまう無世界性の批判であり、それに対して事実的なリアリティをどのように維持できるかという問いに答えようとするものである。『全体主義の起源』でもアーレントは、無世界的な状況が生まれたことで、そこにイデオロギーが入り込むことになったのだと分析していたが、アーレントのハンガリー革命論における思考の議論は、事実の認識さえ阻む自動的な思考様式に対するアンチテーゼである。[29]

実は、アーレントの哲学批判において政治的領域に真理を持ち込むことが批判される場合もこの視点から話されている。イデオロギーとして働く「真理」は絶対的なものとして逆説的に無思考的なものとしてふるまい、意見の複数性を押し流してしまう。そして、この自動的な思考が勢力を伸ばせるのは無世界的な状況の広がるときであり、これに対抗するためにアーレントは自由に語り合うことの重要性を認識させられた。このように、思考が自動性を逃れることの政治的な重要性も、それに行為の助力が必要であることも、明らかである。

ハンガリー革命は持続した革命とは言いがたい。それは制圧されたという点で「悲劇」に終わり、むしろ行為の儚さを示す事例とも見えるだろう。

しかしながら、以上にみたように、この議論は政治的な思考について事実が与えるリアリティとの関係から論じていることで革命的な持続性の議論の端緒に連なっている。アーレントの革命論において、思考はイデオロギーから距離をおくことを可能にし、事実を正しく認識することで共通世界を構築する要件となることを我々は理解した。

以上のように、ハンガリー革命論で思考に期待されている役割は「あるがままに事実を認識し、あるがままに世界の事実性を受け入れる（to recognize facts as they are and to come to terms with the factuality of the world as it is）」ことであると言うことができるだろう。[30] イデオロギー的支配に抗して思考と行為とを成し遂げることによって、全体主義的支配による共通世界の喪失が阻止される。したがって、思考の役割も我々が第三章で制作について見たときと同様、世界性の維持のためには行為と判断のみが政治的能力とされるべきではないことを示しているが、思考の運用は行為と判断を可能にする形でこそおこなわれるべきである。

政治的なものにふさわしい思考とは何かⅡ（「科学」批判）

我々は第一にイデオロギー批判としての政治的な思考の議論を拾い集めてきたが、『人間の条件』では科学技術の発展の影響を論じるものとしても、比較的多く問題にされていた。アーレントは思考を世界から一時的に退去する精神的な活動と定義したが、アーレントが革命を含む近代批判において対象とした側面はその「世界から退く」ことではない。それはむしろ世界の外側に目標を定め、世界からの離脱を試みるものとして批判されている。

また、アーレントが事実に基づくというとき、どのような事実を重視するかということについても検討の余地がある。彼女は政治的な領域を嘘の領域としてみとめ、むしろ、真理——少なくとも科学的な事実や哲学的な真理——を政治の領域から退けてもいるからだ(31)。

アーレントの科学に対する態度とはどのようなものだっただろうか。

たとえばアーレントは『人間の条件』のプロローグで科学技術の進化にともなう人間の条件の忘却について述べている。当時、人類は一瞬とはいえ宇宙に進出した。そのことは「地球に縛りつけられている人間がようやく地球を脱出する第一歩」ととらえられた［HC: 1=10］。このような事情から活動的な生は省みられることがなく、区別されることもなかった、というわけだ。

この本の中でアーレントは、人工衛星の打ち上げという事件を起点にして、科学が勝利した現代社会に対しさまざまな問題提起をおこなう。

その問題提起は、生命さえ人工的に「制作」されるかもしれないことに対する危機意識であったり、機械化によって「労働」から解放されてもより高次の有意味な活動を知らないことの批判であったり、その原因として政治家や知識人でさえ自身の活動を「労働」ととらえていることを問題視したり、本論での議論を想起させる形でさまざまである。

アーレントは地球を捨てて地球の外部――宇宙に出られるという当時の人びとの願望を、この世界の外に完全に逃れられるという幻想であるという点で、観想的生が目指していた人間の世界の外側にある真の世界に到達することに対する願望と重ね合わせて理解する。

一九六〇年版の『人間の条件』の序論では一九五八年のそれよりも明確にアーレントは「思考」という活動の意義を示しているように見える。いわく、現代社会の問題として、科学的な真理が「数学的には証明することができ、技術的にも例証することは可能であるのに、もはや言語あるいは思考によってありありと描き出すことは決してできない」という事態がある。[32] さらに、『人間の条件』において語られるこの問題意識は「我々のおこなっていることを思考によって追遂行することが不可能」になってしまったというものである。[33]

しかしながら、われわれが注意すべきことは、このことが近代に特殊な願望ではないということである。その気分を共有していた第一のものは古くから観想に関心をもつ哲学者に限らない。哲学者がイデアを古くから仰ぎ続けていることからも分かるように、人間が這いつくばって生きているこの地上の外側を目指そうということ自体は近代以降にのみ当てはまる事態ではない。たとえばキリスト教徒はこの地上を牢獄ととらえて神の国を仰ぎ見、求道者も肉体を限界とみなして精神や魂に専念し真理を憧憬したものである。

近代に特殊な事情もあるのだろうか。その点についてアーレントは「人類の歴史の中でいまだかつてこれほどに人びとが地球を人間の肉体にとって牢獄であると考え、文字どおり地球から月に行きたいとこれほど熱中を見せたことはなかった」と語る［HC: 2=10-1］。科学の進化に伴う世界離脱願望にのみ特殊な事情は、科学が知の枠組みのみならず技術でもあることによって人間を取り巻く環境の設計をおこなうことが可能になり、実際に人間がこの地球上の条件を脱することができるかのように人間を作り替えることができたということだ。

この科学の進化は観想的な哲学者が抱く願望と同じく、地上にとらわれた人間の活動のすべてをそれらから解放されるべき苦役のように見なしてしまう。この科学的な世界の設計のもっとも卑近な例は機械化にともなうオートメーションの出現であった。科学の進化は人間を労働から解放するべく作業を機械やロボットに代替させ、このことは労働を機械やロボットでも代替できるような意義しかない自動的な作業に作り替えてしまった。ほかにも、アーレントは科学技術の用いる言語が数学的な記号言語でしかなく、それが日常的な言語によってとらえなおすことができない点で、「言葉なき世界」をもたらすことを指摘する。

このような状況に対して、アーレントは「人間がおこない、認識し、経験し、知る事柄が、有意味であるのは、それらについて語りうるかぎりにおいて」のことだと主張する(34)。この要求は『人間の条件』の読者ならだれでも行為の要求と考えるだろう。というのも、行為は複数の人間の中で「語り合う」活動であったし、その意義は行為やそれが織りなす世界に対して意味づけ、記憶の条件を作り出すことにあったのだから［HC: 9=21］。

しかし、行為の要求が同時に思考の要求であること、こうした行為が同時に思考を可能にする条件であることを、我々はハンガリー革命やアメリカ革命の観察をとおして革命論から理解してきた。この場合にも、思考と行為の双方がアーレントにとって重要であり、それらは自動的なプロセスによって言葉なしでも成り立つ世界に対して、人間的な世界を維持するために必要な活動である。アーレントは後続の箇所において「意味を持ちうるのは、我々がその話題についてたがいに語り合うことのできる、あるいは自分自身と語り合うこともきっとできる、そのような事柄のみ」と述べるが、この「自分自身と語り合う」ことのつけたしについて思考の活動を意識したものと考えることもできるだろう(35)。

実際に、思考は科学技術に対して優位のものとして描かれている。

科学や技術にいつも十年も先行しているのはどのような人でも抱くような思考や観念なのである。それは発見を成し遂げたり、発達を推進したりする者の思考ではないのだ。というのも、科学は、人間が夢見てきたことを実現してきたにすぎないからであり、人間の夢が空想にとどまる必要はないということを確証してきたにすぎないからである。[36]

アーレント的な思考の在り方について科学批判的な視点から見るならば、認識と理解の区別についても問題にすべきである。認識には目的がありそれが達成されると終わりになる（この性格を「制作的」と言うことができるだろう）ものだが、理解は目的を持たない。

思考と認識は同一のものではない。芸術作品の源泉である思考は、すべての偉大な哲学の中に、変形されたり変貌したりすることなく、はっきりと示されている。これに対して、私たちが知識を獲得し貯蔵する認識過程がはっきりと示されているのは、主に科学である。［HC: 170=268］

これらの科学は論理的推理力によって、必然的で自動的に事実を導き出す。この論理的推理力（logical reasoning）の反対物としてあるのが思考（thought）および認識（cognition）であるとされている［HC: 171=269］。『人間の条件』では、「思考」と「認識」も区別され、「思考」の過程は哲学に、「認識」の過程は科学に示されていると語られる。しかしながら、「理解と政治」（一九五四年）を見ると、「思考」と「認識」とは対立する別の能力というよりはむしろ、相互依存的な関係にあることが分かる。[37] 理解は認識に基づき、認識も予備的な理解に基づいているからだ。このような予備的な理解さえ端的に情報としての知識の蓄積よりも有効に全体主義を阻止するとアーレントは語っている。科学という点ではとくにアーレントの批判対象として当時の行動科学・社会科学の存在を挙げるべきだ。行動科学が人間を画一的なものとみなすことを彼女は批判していた。

近代の経済学の根本にあるのはこれと同一の画一主義である。つまり、近代の経済学は、人間は行動する（behave）のであって、互いに行為する（act）のではないと仮定している。実際に、近代の経済学は社会の勃興と時を同じくして誕生し、その主要な技術的道具である統計学とともに、すぐれて社会の科学となった。［HC: 41-2=65］

行動科学はまさにアーレントの時代にその対抗相手として存在していたものだった。事情が込み入ってはいるが、一九五〇年のアメリカ政治学の現場において行動論主義（「科学的」なアプローチ）と理論中心主義（「伝統的」なアプローチ）の緊張関係が生じていた。(38) 以上のように、アーレントは哲学批判的な関心のみならず当時の行動科学に対抗するように行為と思考の概念を呈示し、「新しい政治学」を着想したと言ってもよいだろう。

政治的なものにふさわしい思考とは何かⅢ（アフォリズム）

第二の主題（「科学」批判）では、嘘が共通世界を転覆させるのを危惧するのと同じくらい、客観的で科学的な事実による政治的な領域の支配についても警戒心を抱いていた。これらの客観的な事実に対して、第四章ではアーレントが政治的なものとみなしている事実が科学的な事実や哲学的な真理ではなく出来事に関わることを示した。端的に言えば、アーレントの共通世界はいわゆる「客観的な事実」によってのみなるものではない。意見と事実をどのように関係させるかということはアーレントにおいても問題であるし、そこにはあらゆる人にとって見てとれる事実であるという意味での客観性も存在する。意見の政治的な限界は事実との関係においてどのように定められるのだろうか。

本来、政治的な行為は他者に対して現れ、共有されて、空間的な広がりを持つばかりでなく、時間的な広がりも持ちうるものだ。革命論において、そこで語られるべきものごとというのは、まさに、不当に忘れ去られている事実である。写真からさえも抹消されたトロツキーがロシア革命で果たした役割を語ることが難しいとアーレントが例示するのと同様に、アメリカ革命も人びとの判断によっては評価されてこなかったものである。[39]次の問題は、アーレントの物語を行為に対する人びとの評価の問題として意見を基盤としてとらえるとすれば、革命についての記憶の問題を正確に評価できないということから生じる。

この問題とは、彼女の歴史叙述はどのように事実を抜き出すことができると考えるのだろうか、という問題である。

先述のような困難にもかかわらずアーレントがアメリカ革命に意義を見出しているとすれば、それは彼女の思考を用いた事実に対する評価としてあるだけでなく、アーレントは事実の回復という試みをおこなっていると言えるだろう。

アーレントは「アメリカの記憶喪失」を指摘するが、その原因として思考の失敗を挙げている。さらにその失敗自体の原因としては、アメリカ革命の人びとの思考に対する無関心があり、「そのなかで自らさらなる発展をなしうるような概念の枠組みのなかに濃縮され、蒸留されるのでなければ、確実なものとして残らない」と語られていた［OR: 212=358］。アメリカ革命論における思考の要求の特徴は、芸術作品の詩の特徴であるものと合致している。

これらの新しい経験も概念に「濃縮し、蒸留」しなければそれらの出来事は世界の中に定着しえない。この意味でアーレントは革命論を思考との関わりにおいて考え続けている。それは、フランス革命後の哲学について論じられていたことやハンガリー革命における思考と行為の関係において明示されているが、この点においてアメリカ革命論も例外ではない。

事件や出来事の経験や物語は繰り返し何度も語りつづけられないかぎり失われるが、その語りつづけも、「ある概念、つまり、将来記憶されたりあるいはただ参照されたりするための何らかの道標がそこから生まれるのでなければ、空虚なものにとどまることになる」［OR: 212=358］。「語りつづける」ことにも我々は思考の産物である概念を必要とするのだ。

芸術作品と政治に対する寄与について論じた際に見た「言葉やおこないの束の間の偉大さは、美がそれに付与されるかぎりでのみ、世界のなかで時の移り変わりに耐えることができる」という特徴もここに健在していると言うべきだろう［BPF: 215=295］。

具体的に、アメリカ革命論において取り上げられるのはもっとも言語的な例である詩と詩人である。『革命について』の最終章において、アーレントは革命の記憶の役割を詩人に求める。この著作でそれまで憲法や評議会など法的あるいは政治的な制度的枠組みについて論じられていたことと比べれば、唐突な議論の展開であると思われるだろう。

アーレントは詩をどのように評価していただろうか。たとえば『人間の条件』では、詩についてアーレントは「思考から生まれるすべての物の中で、詩は最も思考に近く、他の芸術作品と比べると、もっとも物から遠い」と語っていた〔HC: 170=267〕。

アーレントの詩人は、橋という建築物にたとえられる伝統の破産に応じて、他者との関係を断たれ何が価値あるものかも分からずに途方にくれるようなときに、招来される[40]。

では「詩的に思考する才能」とはどのようなものであるか。

その結果生まれたものとして、たとえばアーレントは、思考の結果生み出される「記憶され参照されるための道標」の例として、アフォリズムをあげていた。

このような、将来言及され、記憶されるための道標が、もちろん概念の形式ではなく、単純な短い文句や凝縮されたアフォリズムの形式で、どのようにしてこの絶えざる語りかけから生まれてくるか、それをもっともよく示しているのはウィリアム・フォークナーの小説であろう。フォークナーの作品の内容というよりは、むしろ彼の文学的手続きが、著しく「政治的」であるのだ。

［OR: 307=445-6］

アフォリズム――フォークナーが書いたのは小説だが、この凝縮された言説の形は詩に近いものとして理解されるべきにちがいない。

この例示は脚注の短い注釈にすぎない。しかし、革命精神の持続のための「凝縮」自体は期待されつづけたものである。

我々は思考による概念化が革命の持続にとって重要であったことを見たが、アーレントが概念を区別し、現象を見てそれに適した概念を準備し、それについて論じることに多大な関心を抱いていたことは、次のような危機感によっても示されている。

「権威は本来どのようなものであるかが自明ではなくなり、およそ誰にも理解できなくなっているように思われる」［BPF: 91=123-4］という権威が迎えているこの危機は、アーレントが行為や権力に対して抱いていたものと同種の危機――そのほかの概念と取り違えられ、混同され、意味が失われてしまうというもの――である。むしろ、あらゆる概念が自由に言い換えられてしまうという時代を迎えていると言った方がよいのだろう。

アーレントが「凝縮」の形として示す「アフォリズム」はさらに、その性質から鑑みて、「過去と未来の間の裂け目」におけるカフカの「すべてを削ぎ落とした最小限の『抽象』的経験から、『現実』の生の特徴をなす豊かさ、多様性、劇的な要素のすべてを仔細もらさず宿す」思考風景を作り出している寓話［BPF: 9=10］や、『精神の生活』の「思考」のための小さな空間についての言及における「思想書で偉大なものはすべて、何かしら謎めいた形でそれを指示する」［LMI: 210=242］という描写などに通じるものである。

このような詩と思考についてアーレントはさまざまな議論をおこなってきたと言える。また、彼女が求めるのは概念の新たな定義ではなく、理解であることに我々は注意すべきである。彼女は『権威とは何か』において権威の歴史的実態とその源泉の調査を試みるが、アーレントはこの「権威とは何か」の中で概念的理解に関する危惧を語っている。概念の区別を無視することは「自分自身の意見をもつ権利と実際に同じものであるかのように」扱われてきたと彼女は言う［BPF: 95=129］。このことに対する警鐘として以下の議論がある。

用語から共通の意味がすっかり失われてしまい、あるいは共有する言葉が疑いの余地なき意味をもつ共通世界に住まなくなったために――たしかにこのことによって言葉がおよそ無意味となる世界に住むことはないとしても――我々は、私的意味世界に退却する権利を互いに認め合い、また、各人が自分の私的な用語法のなかで首尾一貫性を保つことだけを要求するようになっている。こうした状況でなお相互理解の核心が存在するとしても、それが意味するのは、我々がすべての人に共通の世界を互いに理解していることではなく、むしろ我々は論議や推論の首尾一貫性、つまり論証のプロセスが純粋な形式性の点で首尾一貫しているのを理解するということである。

［BPF: 95-6＝129-30］

この観察はアーレントが抱いた全体主義下の自由な言い換えに対する危機感をも示しており、さらには第二章第三節で論じたアーレントの最初の関心であった政治と哲学の関係の再構成の要請にも重要な視点であるだろう。

出来事の事実性と思考

以上のように我々は思考の役割を見てきた。その対抗相手から、イデオロギーによる虚構的のっとりも、科学的な真理による意味づけを介さない事実による支配も、独立した秩序による人間的な領域の占拠とみなされることを批判してきた。それに対して、哲学を含む人間的な共通感覚は「伝統」を提供しないが、いくつかの概念を世界内に留めることができる。

先行研究、とくにアーレントの物語観においてひときわ評価されるのは、その「リアリティとの和解」という機能であり、起きた出来事や行為を記憶する役割がみとめられてきた。「和解」という機能に着目した理解は物語を行為や判断に結びつけやすく、その、起きた出来事の他者による受容、という側面を強調するように思われる。たとえば、対馬美千子は、アーレントの理解し、意味づけるという物語の試みを「世界との和解」（共通世界との和解、私たちが生きている現実との和解、個人の人生で起こったこととの和解）という視点から理解されるべきものとし、その思考や判断という活動の在り方をとらえなおしている。[41] この「和解」という理解の体系はアーレントの無世界性の経験に依拠した逆説的な、「それでもなお」という、「世界への愛」に根差している。[42] 対馬の「和解」の議論にもある「無世界性において世界ともう一度和解する」という構図がいささか感傷的なものに映ることがあるとすれば、その、受け入れがたいものと和解しなければならない、という視点ゆえであろう。つまり、その議論は、「自分の生きる世界の中に居場所を見いだすことの難しさ」や、「無世界性を経験しながらも、そのなかに閉じこもることなく共通世界に関わろうとすること」という文脈にある。[43] 以上のような議論は物語の意義を、行為によって明らかにされる人間にとっての「誰（who）」と同様、現実の「正体」を明らかにし、意味を理解するためのものとして指し示す。

これとは別の文脈を形成するのが、同じく「受容」や「和解」というモメントから生じる歴史に対する判断の議論であり、こちらもベンハビブや岩崎稔・高橋哲哉らによって評価されてきた。[44] この文脈には科学的な歴史分析を批判し、自然科学さえ物語化するような歴史叙述・物語論との間の論争があり、アーレントはこれに対して政治的な判断の必要を認めている点が評価されている。[45] 要するに、アーレントにおいては「『語る』ということ、叙述するということの政治的な意味」が考えられているのであり、こちらの物語の意義は政治的な意味づけをともなう叙述という判断と「『語る』ということ」の在り方という行為の意義を見直し、強調するものとして議論が展開されてきた。[46] このような行為・判断的な物語の解釈は共通世界と我々が関係を取り結び世界の中に参入していくことを印象づける。

これに対して、本書はおこなわれた行為や出来事と制作や思考との関係を強調しておきたい。それらは現実の「正体」を明らかにするという点ではおおよその物語論と役割の解釈を共にしているが、それを公に示し、維持するという点が先立って特徴となる活動である。

同様に、出来事の意味を理解する／させることに携わる営みである点では行為や判断と同じだが、制作はそれ自体が世界を構築する。(47) これは事実が制作によって保存され、思考によって「凝縮」されて、記録や芸術作品として維持され、政治的なものにとっての「天空」と「大地」——共通世界の支えとなる事実のストック——になるということもできるだろう

虚構的な世界においては、イデオロギー——経験および経験された現実から解放された、論理的推論によってのみなりたつ自動的なプロセスと化した演繹——にのっとられることはたやすいことであった。「擬制的な世界の掟への固執」——このような事実の領域と切り離されてしまった、リアリティの次元の虚構的のっとりが全体主義の基盤となっている。

この意味で、アーレントは事実と同等に渡り合う嘘よりも虚構のほうを警戒しているように見える。しかし、他方で虚構が全世界を覆うことの難しさを強調し、それに対する事実の威力を信頼しているように思える。「事実や出来事がもつ事実性の最も確実なしるしは、まさしく堅固たる現存在である」とアーレントは述べている［BPF: 253=351］。

権力の掌握後には大衆はたちまち「正常化」してしまうほどこののっとりはもろく、事実というものはひとかけらでも危険になりうるともアーレントは語っている。(48)

はじめのうち大衆は事実と自分の五感を信じることを拒絶してこの拒絶の上に全体主義運動はその擬制的な世界を打ち立てたのだったが、例の鉄のカーテンは大衆のこの拒絶のどうにかこうにか間に合う代用品であるにすぎない。ところが、全体主義運動は権力を得るや否や、まさに今述べたような大衆の事実無視のメンタリティを取り除いてしまったのである。〔EUTH3, pp. 820-1＝146-7〕

第四章で見たこととして、事実と意見の関係において問題とされているのは虚構が真実めいて見えることではなく、世界に現れるものの偶然性と説明不可能性に起因する不安定性であった。すなわち、虚構によって「世界が破壊される」場合には、虚構がまことらしく見えることが先行するのではなく、共通世界が不安定であるところに虚構による事実ののっとりが生じるということである。このように事実と意見の双方を含む安定的な理解の不在がそこにあり、常なる問題は、それをどのように世界の中に位置づけるかということであった。しかもこの偶然性と説明不可能性は政治的な行為や出来事がもともと持っている性格である。

絶えず変化する環境にイメージや物語を合わせようとする人びとは（……）リアリティや事実性の代わりとして十分なものを達成するにはほど遠く、事実や出来事をふたたび潜在的可能性に変えてしまう。そもそも、この元々の潜在的可能性から抜け出ることで、事実や出来事は出現したものであるのだが。［BPF: 253=351］

それではこれらの事実や出来事はそのままの形で共通世界の基盤たりえるのだろうか。そうではない。さきほど解説した行為の本来的な偶然性は現存在となってそれをとりのぞかれても説明不可能性の原因となって残っている。これに対置される世界を覆いつくすことが不可能なイメージはつねに説明可能であり、真実を装うことができるが、基盤にはなりえない。そこで、出来事の偶然性と説明可能性の間で、偶然性を脱した出来事について何かがおこなわれたことにどうにか意味を発見し、世界の中で確定させることが必要になる。それをするのが我々の制作や思考の活動であるだろう。「事実の真理」に関しては二つのものがあるときにこちらが嘘でこちらが事実だと証明することでは足りないのである。

これまでの議論から、事実や出来事は「天空」や「大地」のように容易には失いがたいものであるが、「天空」や「大地」のように我々が関与しえないものではないということが分かる。

政治的に事実に対してとられなければならない姿勢とは、実際のところ、人間には阻止できず、したがって手の下しようのない何らかの必然的発展の結果として事実をとらえる危険と、もうひとつは、事実を否定する、すなわち世界の外側で事実を操作しようとする危険との間で、そこに

あるきわめて狭い小道を歩むというものである。［BPF: 254=353］

そして、この小道を歩む際のバランス感覚の中で、それらの出来事が政治的領域にふさわしい形で残るために語られるべきものが物語であっただろう。この「事実の真理」を構成しているものは出来事とそれに対して我々が抱くリアリティである。このようなリアリティの安定性のために、アーレントは「権力の及ばない人びとや制度」であり「一切の行為や決定も含まずに」政治の外部に立って情報を提供する「アカデミー」のもつ政治的な意義や、あるいは、「事実の真理を語るものが物語作家でもあるかぎり」において「リアリティとの和解」が可能になるような、そして、事実が「その偶然性を失い、人間にとって理解可能な何らかの意味を獲得」できるようになるような、「物語」の意義を示している［BPF: 256-7=357］。

我々は第五章の議論をとおして、革命論において、全体主義批判にみられるような「不在」の問題があることを理解した。アーレントにとって「伝統の終焉」は取り消し不可能なものであり、その困難な「不在」の中で全体主義批判や革命の賞賛はおこなわれてきた。

これはヤスパースとアーレントのやりとりに見られるように「悲劇」であるが「絶望」ではないだろう。しかしあえて「希望」をもってアーレントを論じることもすべきではない。

我々はアーレントの共通世界の議論において実際にすでに起きた出来事の安定性が世界を維持するための要点を担っていることを十分に理解した。そしてこの維持には行為や判断のみならず制作や思考の活動がおおいに役割を担っていた。とくに我々は第四章をとおして意見というものがどのように「精製」され、実際に起きた出来事が「濃縮」され「蒸留」されるかを見てきた。アーレントにおいて共通世界を構成しているものはさまざまな意見そのものではなく、また客観的な事実そのものということでもなく、精製され、濃縮され、蒸留され、世界に留められたものである。このように、人びとに現実との和解や受容という「理解（understanding）」をおこなわせるだけではなく、現実を虚構ではないものとして形づくり、それを持続させる役割が政治的なものとして求められている。

とはいえ、アーレントはその後にも行為論や判断論を発展させたのだが、それらの進展によってアメリカ革命の後の「失敗」を覆すだけの結論を得られたわけではない。

そのうえ、アーレントは最後の著作である『精神の生活』を完成させることもなかったのであった。

■注

（1）「哲学と政治」第三ファイル（p. 29）。

（2）「哲学と政治」第二ファイル（https://www.loc.gov/item/mss1105601272/）（023392）。ファイルが二つに分かれているが、第一ファイル（1 of 4）と第二ファイル（2 of 4）は頁に付された番号とそれぞれの内容から推定して連続したひとつづきのものと考えられる。

（3）『過去と未来の間』に収録されている「歴史の概念――古代と近代」にも「哲学と政治」草稿の内容が受け継がれているが、その中でアーレントは以下のように不死性の欲求と政治的なものとの関係を示している。「我々は、芸術作品の不朽の魅力や我々がきっと偉大な文明のすべてにみとめていた相対的な永続性をとおしてのみ不死性の観念にふれることができるために、政治的共同体の基礎に不死性へと駆り立てる動因があるということはありそうにないことのように見えるだろう。しかし、ギリシア人にとっては前者に比べて後者こそがはるかに自明なことであったにちがいない」[BPF: 72=95]。

（4）本書の時間性の理解は森『死と誕生』第二章に大きく負っている。

（5）ウルズラ＝ルッツ編『アーレント＝ハイデガー往復書簡　1925−1975』一二九−三三頁。アーレント『思索日記Ⅱ』二八〇−四頁。

（6）アーレント「フランツ・カフカ　再評価──没後二〇周年に」『アーレント政治思想集成2』九六−一一一頁。初稿は一九四四年に『パルティザン・レビュー』に発表された（Arendt, "Franz Kafka: A Revaluation", *Partisan Review*, vol. 11, no. 4, 1944）。

（7）「人間的な事象の領域の中で持続するのは、これらの活動過程である。この活動過程の耐久性は、人類そのものの耐久性と同じく無制限であり、それと同じくらい物の腐敗可能性や人間の可死性から自由である。（……）ただ一つのおこないの過程も、文字どおり人類そのものが終わりに至るまで永遠に続く」[HC: 233=366]。

（8）アーレントは「始まりそのものの権威」について論じる際には古代ローマ的な権威に依拠するが、アメリカ共和国の権威を古代ローマ的な権威から区別し、古代ローマ的な権威を創設に基づいた政治的なもので「先祖の代表、むしろ化身」であることに権威の根拠があるとし、他方、アメリカ共和国の権威を法と法の解釈に依拠した法的なものと見る。アメリカ憲法は「書かれた文書」としての権威を最高裁判所に与えている［OR: 192=321］。

（9）「自由とは何か」は一九五八年にドイツ語で書かれ、一九六〇年に『シカゴ・レビュー』に英訳されて発表された。

（10）（悪）循環を脱するための絶対者の探求は伝統的な哲学による永遠の希求による解決とパラレルに描かれるべきものだろう。そしてこれと政治体の創設において「不死なる都市」を求める試みとは対立的な関係にある点で永遠と不死の関係と一致しているものだ。

（11）「ここでローマ人の態度を権威によって確立された階層秩序に等しいものと考えて、この階層秩序をおなじみのピラミッドのイメージで視覚化してみるなら、ピラミッドの頂上は大地のはるか上にある（あるいはキリスト教的には彼岸にある）天空の高みに至るまで伸びているのではなく大地の過去の深みに沈降しているといえよう」[BPF: 123-4=168]。

（12）一九七〇年の「市民的不服従」論はアーレントのアメリカ連邦憲法解釈における第二（そして最終）段階であり、好意的なものである（Kateb, "Death and Politics", p. 610.）。この背景には当時活発になっていた市民運動や学生運動に対するアーレントの称賛がある。しかし、この論稿は『革命について』の法の議論に対する十分な解答とはいえない。というのも、彼女の評議会の例示は特殊アメリカ的なものではなく、その持続がアメリカ的なものの特質（「法の精神」）に依拠するのでは不十分だからである。

（13）第二章第三節で参照したとおり『哲学と政治』第四ファイルのこと。

（14）Arendt, "Tradition and the Modern Age" in BPF, 16-40.『パルティザン・レビュー』にも発表されている（"Tradition and Modern Age", *Partisan Review*, vol. 21, No. 1, 1954, pp. 53-74.）。

（15）"What Was Authority?" in BPF. 初出は "What was Authority?", in *Nomos 1: Authority*, Carl Friedlich(ed.), Cambridge: Harvard University Press, 1959. 邦題は「権威とは何か」と訳されているが、原題は「権威とは何であったか」というものだ。アーレントは伝統の終焉に関して「取消不可能なもの」と語ったが、権威に関しても同様のペシミズムがあったのかもしれない。

（16）我々は第二章でこの人間的な事象に見つけられる虚しさを見た。

（17）Arendt, "Totalitarian Imperialism: Reflections on the Hungarian Revolution", p. 24.

（18）"Totalitarian Imperialism", p. 5.

（19）"Totalitarian Imperialism", p. 5.

（20）"Freedom and Politics, a Lecture", pp. 220-44.
（21）Arendt, "Freedom to be Free", pp. 368-386
（22）"Freedom to be Free", p. 368.
（23）EUTH3: 963-6=286-8.
（24）Arendt, "Totalitarian Imperialism", p. 24.
（25）"Totalitarian Imperialism", p. 21.
（26）"Totalitarian Imperialism", p. 25.
（27）"Totalitarian Imperialism", p. 24.
（28）"Totalitarian Imperialism", p. 25.
（29）アーレントは、ルターを引いて、「論理的推論はすべての見捨てられたものに対してだけ全面的な力をふるうことができる」と述べている［EUTH3: 976=297］。また、この「見捨てられた」という状況がいわゆるLoneliness, Verlassenheit の状態なのであり、隣人が何を考えているのかさえ分からない不確かな社会の状態およびそこでのよりどころのない人間の状態を示す。
（30）"Totalitarian Imperialism", p. 21.
（31）「真理と政治」論稿（一九六七年）においてアーレントは、哲学的真理（理性の真理）と意見、哲学的真理と事実的真理、意見と事実的真理といったさまざまな対立関係や諸要素の付置について考慮しながら政治的な意見と事実について論じている。
（32）参照先は Arendt, *Vita activa oder vom tätigen Leben*, p. 10（アーレント『活動的生』五頁）。
（33）Arendt, *Vita activa oder vom tätigen Leben*, p. 10（アーレント『活動的生』五頁）.
（34）Arendt, *Vita activa oder vom tätigen Leben*, p. 12（アーレント『活動的生』七頁）.
（35）周知のように、アーレントの「思考」がおこなわれるとき、その思考者の状態は「一者の中の二者（2 in 1）」

と表現され、思考者は自分自身と語り合う。

（36）Arendt, *Vita activa oder vom tätigen Leben*, p. 8（アーレント『活動的生』三頁）.

（37）Arendt, *Essays in Understanding 1930-1954*, Jerome Kohn(ed.), Orlando: Harcourt Brace Jovanovich, 1994, p. 311. 初出は Arendt, "Understanding and Politics", *Partisan Review*, vol. 20, no. 4, 1953, pp. 377-92.

（38）Gunnell, *The Descent of Political Theory* の第一〇章はアメリカにおける「行動論改革」に関する事情を描いている。

（39）このことは判断の不在ではなく、制作によって公示されるべきものや思考によって凝縮して示されるべきものの不在を意味し、その不在が革命論の批判の対象である。

（40）アーレントは『過去と未来の間』の中で「この裂け目にはローマ人以来我々が伝統と呼んできたものによっては橋が架けられていた」と言うが、この「橋」のイメージは建造物としてのイメージとも崩れた後の「破片」のイメージとも一致している［BPF: 13=15］。

（41）対馬『ハンナ・アーレント』六頁。

（42）この視点は千葉眞にも共通している（アーレント『アウグスティヌスの愛の概念』千葉眞訳、二四九－五〇頁）。

（43）対馬『ハンナ・アーレント』一、七頁。

（44）岩崎・高橋「『物語』の廃墟から」。

（45）岩崎・高橋「『物語』の廃墟から」一三三－一三五頁。

（46）岩崎・高橋「『物語』の廃墟から」一三四頁。

（47）これに対置されるものとして百木自身が例に挙げる「真実の後ろ盾を持たずにただ単にともにあるという形で共存することとしての『政治』」を論じる千葉雅也の「社交」論がある（百木「アーレント『政治における嘘』論から考える公文書問題」一〇四頁）。ほかには、行為の偶然性を最大限に強調しながら政治的なものについて考えるジャック・ランシエールなどの立場が挙げられるだろう。

（48）「例の鉄のカーテンは大衆のこの拒絶のどうにかこうにか間に合う代用品であるにすぎない。ところが、全体主義運動は権力を得るや否や、まさに今述べたような大衆の事実無視のメンタリティを取り除いてしまったのである」［EUTH3: 820-1=146-7］。

おわりに　アーレント革命論がもちうる展望——政治的課題としての持続性

アーレントがその政治哲学批判において批判対象としていた者たち——ヘーゲルや行動科学者たち——は自然や社会の「法則」に従ったり「運動」に巻き込まれることによって政治現象をとらえようとしていた。この立場からすると複数性がもたらすものは「災い」であり、危惧から政治領域をもっと確かなもの——行為ではなくたとえば制作の活動——に置き換えることにより秩序の安定を図ろうとしていた。これに対し、アーレントはアメリカ革命の人びとがもつ永続する政治体という野望を肯定的に論じ、制作的な活動と行為的な活動それぞれが公的領域に対してもつ役割を区別することで、持続性の欲求に答えつつも複数性を無視しない形で政治理論を構築しようとした。

ゆえに、アーレントの政治理論において制作的な関心は政治と無関係のものではなく、安定性も重要な課題であったと言えるのだが、彼女の論じる活動的生活はもともと「不死」の目標を持っていた。それは哲学的関心によるものだけでなく、制作的な産物においても、意見を論じるうえでも、複数の人びとや制度によって限界を与えられた行為や意見がどのように政治体の持続や安定と両立しうるものであるかという問いに関わりのあるものだった。

本書は、アーレント解釈の潮流――全体主義批判という出発点から「始まり」の概念を軸に『人間の条件』という著作を経て判断論に至る――に対し、アーレントの持続性の議論にもそのオリジナリティを見て評価した。そのためにとくに革命論の展開に注目することをその方法として選んだ。つまり、革命によって生じる政治的なものの持続を可能にする「自由の創設」という主題、なかでも一度生じた「自由」をどのように維持できるのかという持続に関する問いに注目することによって、これまで政治的なものの枠外に置かれてきた制作や思考の活動についてその政治的な意義が示されたと言える。

本書は、革命論という一見具体的で政治的な議論が、これまで先行研究が明らかにしている以上に哲学的な議論と結びついており、それを更新させていること、行為と判断だけでなく制作や思考の活動が持続という点において十分に政治的な意義を持つこと、権力だけでなく権威の問題が重要な論点となっていることを理解した。それらをアーレントの政治理論の中心に据えることは、行為と判断と「始まり」の議論ではなしえないことであっただろう。また、もっとも重要なことに、アーレントは「始まり」という概念を特異に評価したが、持続という問題から離れて「始まり」を描こうとしたことはなかったと言える。

彼女は『革命について』の最終部ではアメリカ革命の人びとの哲学に対する無関心と思考の可能性について論じており、革命論と呼べるもののうちで彼女の最初の関心――一八世紀の革命後の世界における「新しい政治学」の要請――に再導入する。

この関心を前提するものとして、このアーレントの議論には当初より「伝統の終焉」に対する感覚が備わっている。この伝統の不在は第一に全体主義批判における無世界性の状態として指摘されるべきものであるが、革命論も革命自身の比類ない「新しさ」のためにこの伝統を喪失した状況を共有していた。我々はこの観点を得ることによって、『人間の条件』の行為論には非日常性の感覚が欠けており、具体的には政治的な思考の議論が想定外のものとなっていることを『革命について』以降の議論に則して理解することができた。

また、本書は『革命について』以降の思考論の展開を示し、政治的な思考の性格を分類し直した。具体的にはハンガリー革命論のイデオロギー批判や「科学」批判における思考と認識の関係、アメリカ革命論の「アフォリズム」における思考と行為の関係を見ることにより、思考という活動によって政治的なものに持続性を与えるという試みについて理解した。

これらの思考の議論をとおして、革命論の非日常性は革命という現象の非日常性から生じているだけでなく、アーレントが近代革命から全体主義の時代に至るまで見出している「伝統の終焉」という状況認識に対応して生じているものであることを示すことができた。

我々は革命論にアーレントの終わりなき苦闘を読み込まねばなるまい。そして、それは「始まり」を常にそこに目前としているものとみなすこととは相反する試みである。この意味で本研究は、先行研究がアーレントの議論をとらえる際にその重要な概念である「始まり」を中心に見ることで解釈に「行為から判断へ」という漠然としたまとまりを生じさせてきたことに対して、それを「逸脱」するものや、その「破綻」として革命論の特徴を示すことができただろう。革命はまぎれもなくアーレントが見てとった政治的なものをすでにそこにないものとして表象している現象であった。そうでなければ、日常的な出生とは別に、最後までこの特殊な断絶について論じる必要はなかっただろうし、革命が政治体の始まりにしかない出来事であればそれは常に過去の出来事として語られるものであっただろう。そして、このように実現しがたいものについて、アーレントがどのような関心からそれに基づいて「始まり」を論じていたか、それを生み出した背景についても我々は理解する必要があった。

革命は行為の共同的な出現としてもクーデターやデモといったほかのものとは区別されるべきものであり、ゆえに政治体の創設の議論としての持続の課題を独自に含んでいた。この課題をアーレントは評議会制によって達成しようとするが、それが困難を示したときには、より安定的な制度（政党制など）によって代替することなく、思考と行為の関係について論じるということを選んだ。持続性に注目する中で、我々はアーレントがいかに革命という「始まり」を特異なものとして提示しているかについても理解できるだろうが、この性格はアーレントが常に見据えていた政治と哲学、行為と思考の結び難い関係を反映したものである。先述のとおり、アーレントは「裂け目」という既存の制度や伝統の断絶にあるものとして政治的なものを描き、ゆえに、その持続においては思考による概念化など特殊なものが求められた。しかしながら、この特殊なものはまさにアーレントが見据えた「伝統の終焉」をすでに迎えた世界にあり、権威を寄る辺としない持続を議論しなければならないほどのものである。

以上のことから分かるのは、アーレントの革命論が手放そうとしない断絶は、全体主義を含む彼女が生きた当時の政治状況とその原因に対する理解を反映し、しかしながら彼女はこの断絶に向き合うことでなお政治的なものの持続を試みているということだ。

はたしてこのような「裂け目」としての政治的なものの背景にある伝統の「不在」は我々の生きる現代にはどれほど残っているのだろうか。

アーレントは『精神の生活』の革命論――第一六章の冒頭において「自由とは何か新しいことを開始する精神的能力であるが、この新しいことは起こらないということも同じくありうる」［LM2: 195＝233］と述べていた。

人間がなんらかの持続性を求めているということ自体を否定することはできまい。それこそが制作が応えるべき人間の条件としてあるもの、非自然的世界の持続である。

本書はアーレント解釈として、政治的なものの個々の始まりを重視するときにそれと政治的かつ安定的な秩序においてそれを持続させることの葛藤をとらえてきた。そしてそれは政治的共同体の在り方についても再考を迫るものである。

現代社会において、市民的紐帯は弱くなり、属性による連帯は活発化する一方である。

現代政治理論の観点から見るならば、アーレントの革命論には第一には、革命という現象に依拠して政治的なものを現実的に定義しようとすること、第二には、革命に依拠するにもかかわらず社会問題および社会的なものを退けること、という二つの珍しさがある。

そもそもアーレントの革命論は、全体主義批判およびその起源としてある西洋政治思想の伝統に対する批判をおこない政治と哲学の関係を見直すものとして始まったものだ。さらに、アーレントには「トラウマ」があった。それは社会問題をひとたび扱えば革命は全体主義的なテロルに転じてしまうというトラウマである。[1]実際にはアメリカ革命にも社会問題はあったのだからアーレントの議論が歴史的に正しくないだけだと一蹴する向きもあるかもしれない。しかし、全体主義と革命を重ねて論じることから見えてくるものさえも気にしなくていいもの、我々は共有していないもの、なのだろうか。

第一の点に関して、近代の特徴として革命を抽出することが一般的であり、革命の諸特徴に注目することが一般的な政治理論に寄与するとしても、政治的なものの原型を「革命」に見ることをアーレントにとってのマルクス思想の存在感抜きにして展開し続けることは難しいだろう。さまざまな議論や意見交換の場を含みうる行為の枠組みで考えるにはクーデターや抗議活動、社会運動（デモ）とも区別される革命は限られた場においてしか観察されず、そうしたものとしての特徴をアーレントの政治的なものの概念に反映させたものである。この意味で、その革命論は二〇世紀後半のコンテクストに依存したものであるとも言える。

さらに、第二の点に関して、現代の政治状況において「革命」にあてはまるような現象を探すならば、それは必ず社会問題と結びついた社会運動として現れているように見える。

我々の生きる時代において「意見」の例を列挙しようとしてみるとき、それが社会的な利害、経済的な事情、そして身体の問題を離れてあることはほとんどないだろう。そして、実際にそれから純粋に政治的なものを切り離すことは困難であり、また、正当でもないだろう。そしてさまざまな意見が世の中に現れては消えてゆく中で、身体や社会階層についても、他方では新たな「概念」が生まれブラッシュアップされ用いられている事態も現象的に存在する。(2)

アーレントは最後まで「自由」の出現自体を偶然性に委ねようとはしなかった。政治的なものの本来的な偶然性に抗して、また社会的なものに対して、歯止めを立てるためにどのような「際限」を設けるべきかというこの具体的な課題は、現代社会において革命を探すという試みをするまでもなく、アーレントの政治理論を現代政治理論として用いようとする場合に答えることが困難な問いとなって立ちはだかるものだろう。

また、ランシエールの優れた導入をただ借用することはできまいが、「政治を社会関係の現れあるいはその見せかけとするマルクス主義に長いあいだ束縛され、社会的なものと社会科学の浸食を受けてきた」政治哲学の状況はアーレントがまさに批判しようとし、本書がその詳細を解き明かそうとする革命論を構築するに至る背景となったものであった。(3)

アーレントは社会的なものが政治的な領域を支配し、政治的なものを規定していた時代にあり、そのうえで近代の特徴を社会的なものに見出し、それに抗するために政治的なものについて思考しつづけていた。ランシエールの診断では、社会的なものの時代自体は終わりを告げ、「政治の復権」が起こっている。政治的なものと社会的なものの関係の変節を考慮に入れずにアーレント解釈を現代政治理論として用いることはできないように思える。

本書はアーレントの政治理論の中で革命論にフォーカスし、その位置づけを再考した。アーレントがどのような関心から革命論を構築し、また、その議論の内包する問題が一九六三年に出版された『革命について』の前後においてどのような論点とのつながりを持っているかをたどった。最後の哲学的著作にまで新秩序樹立の困難が語り続けられるのは、アーレントが革命論において新しい物事を始めることと「永続的で不朽（permanent and enduring）の」物事を始めることの両方を革命の課題としており、彼女が称えたとされるアメリカ革命は「始まり」についてはは成功したものの「持続」については十分な成果をもっていないこと、彼女自身それを「悲劇」として描いていることに原因がある。

本書の意義は「始まり」を重要概念としてもつアーレントの政治理論について、持続を関心に据えることで革命論の重要性を示したことにある。この持続に対する注目により八〇年代にアーレントの実存主義的解釈がもたらした連続的な時間性を打破するような「裂け目」としての革命観を受容したうえで、熟議論などに受け継がれた日常的な世界観においておこなわれる行為解釈とは別の形でアーレントの持続性の議論を示した。これは革命論について、彼女の哲学的な議論との関連を示すことでもある。とくにアーレントの「不死」に対する関心がその政治理論にも及ぶこと、『人間の条件』で示された他者による目撃と語り伝えに依拠するのではなしえない持続の困難が政治体の永続を論じる革命論では描かれ、思考論に引き継がれることを論じた。アーレントの活動分類では行為が政治的な活動とされるが、引き続き行為以外に制作や思考を含める形で政治的意義を検討してゆきたい。

■注

（1）ブルース・アッカマンはアーレントのこのトラウマについて、アメリカ革命の人びとがその市民性を経験したのは社会運動を通してであったにもかかわらず、その意義に目を閉ざさせてしまうと嘆いた（アッカマン『アメリカ憲法理論史』二四八－二五〇頁）。

（2）これらのたとえば社会学的な、あるいはポストモダン的な新語をアーレントが思考のための「概念」とみなすかは不明である。全体主義下の「自由な言い換え」との関係において現実を語るための新しい概念の創出についても「際限」を論じる必要があるだろう。

（3）ジャック・ランシエールが自身の著作に付した導入は以下のものである。「政治哲学は存在するか。このような問いは、二つの理由で的外れであるように思える。第一の理由は、共同体とその目的、法とその基盤についての考察が、我々の哲学的伝統の起源にあって、以来たえずこの伝統を活気づけてきたからである。第二の理由は、少し前から、政治哲学が、自らの回帰と新たな活力を声高に主張しているからである。それによれば、政治哲学は、政治を社会関係の現れあるいはその見せかけとするマルクス主義に長いあいだ束縛され、社会的なものと社会科学の浸食を受けてきたが、今日、国家マルクス主義の崩壊とユートピアの終焉にともなって、再び政治の原理と形態に関する自らの考察が純粋だと考えつつあり、政治自体も、社会的なものとその両義性が後退することによって、純粋性を取り戻しつつある、ということになる。」（ランシエール『不和あるいは了解なき了解』六頁（Rancière, « *La mésentente* ».)）。

参考文献一覧

【ハンナ・アーレントの著作】

The Origins of Totalitarianism, new edition with added prefaces, New York: Harcourt Inc., 1979[1951].（『全体主義の起原』新装版1～3、大久保和郎／大島かおり訳、みすず書房、一九八一年）

Elemente und Ursprünge totaler Herrschaft: Antisemitismus, Imperialismus, totale Herrschaft, München: Piper, 1986[1955].

The Human Condition, second edition, Chicago: University of Chicago Press, 1998[1958].（『人間の条件』志水速雄訳、ちくま学芸文庫、一九九四年）

Vita activa oder vom tätigen Leben, München: Piper, 2002[1960].（『活動的生』森一郎訳、みすず書房、二〇一五年）

On Revolution, London: Penguin Books, 1977[1963・1965].（『革命について』志水速雄訳、ちくま学芸文庫、一九九五年）

Between Past and Future: Six Exercises in Political Thought, London: Penguin Books, 1977[1961・1968].（『過去と未来の間——政治思想への8試論』引田隆也／齋藤純一訳、みすず書房、一九九四年）

The Life of the Mind, one-volume edition（one: thinking; two: willing）, New York: Harcourt Inc., 1978.（『精神の生活』（上：思考／下：意志）佐藤和夫訳、岩波書店、一九九四年）

Lectures on Kant's Political Philosophy, Ronald Beiner (ed.), Chicago: University of Chicago Press, 1989[1982].（『完訳・カント政治哲学講義録』仲正昌樹訳、明月堂書店、二〇〇九年）
Crises of the Republic, New York: Harcourt Brace & Company, 1972.（『暴力について――共和国の危機』山田正行訳、みすず書房、二〇〇〇年）
Responsibility and Judgement, Jerome Kohn (ed.), New York: Schocken Books, 2003.（『責任と判断』ジェローム・コーン編、中山元訳、ちくま学芸文庫、二〇一六年）
The Promise of Politics, Jerome Kohn (ed.), New York: Schocken Books, 2005.（『政治の約束』ジェローム・コーン編、高橋勇夫訳、ちくま学芸文庫、二〇一八年）
Hannah Arendt Papers: Speeches and Writings File, 1923-1975; Essays and lectures; "Philosophy and Politics: the Problem of Action and Thought after the French Revolution," lecture, 1954（第一ファイル：https://www.loc.gov/item/mss1105601272/、第二ファイル：https://www.loc.gov/item/mss1105601272/、第三ファイル：https://www.loc.gov/item/mss1105601274/、第四ファイル：https://www.loc.gov/item/mss1105601275/）
"Understanding and Politics", *Partisan Review*, 20(4), 1953, pp. 377-92.
"The Modern Concept of History", *The Review of Politics*, 20(4), 1958, pp. 570-90.
"Totalitarian Imperialism: Reflections on the Hungarian Revolution", *The Journal of Politics*, 20(1), 1958.
"What was Authority?", in *Nomos 1: Authority*, Carl Friedlich (ed.), Cambridge: Harvard University Press, 1959.
"Society and Culture", *Dædalus*, 32(2), 1960, pp. 278-87.
"Revolution and the Idea of Force" (1963), http://www.hannaharendt.net/index.php/han/article/view/293/420（最終閲覧日：二〇一八年九月六日）
"Truth and Politics", *the New Yorker* (February 25, 1967), pp. 68-122.

“Thoughts on Politics and Revolution: A Commentary”, *The New York Review of Books*, 16(7), 1971, pp. 8-20.
“Philosophy and Politics”, *Social Research*, 57(1), 1990, pp. 73-103.（「哲学と政治」千葉眞訳、『現代思想』第二五号第八巻、一九九七年、八八−一〇〇頁）
“Franz Kafka: A Revaluation”, *Partisan Review*, 11(4), 1944.（「フランツ・カフカ 再評価――没後二〇周年に」『アーレント政治思想集成2』、九六−一一一頁）
Denktagebuch 1950-1973: Erster Band, München: Piper, 2002.（『思索日記Ⅰ 1950−1953』『思索日記Ⅱ 1953−1973』ウルズラ・ルッツ／インゲボルク・ノルトマン編、青木隆嘉訳、法政大学出版局、二〇〇六年）
“Revolution and Freedom, a Lecture” in *Thinking without a Banister*, Jerome Kohn (ed.), New York: Schocken Books, 2018, pp. 332-54.
“Freedom to be Free: The Conditions and Meaning of Revolution,” in *Thinking without a Banister*, Jerome Kohn (ed.), New York: Schocken Books, 2018, pp. 368-86.
“Freedom and Politics, a Lecture” in *Thinking without a Banister*, Jerome Kohn (ed.), New York: Schocken Books, 2018, pp. 220-44.
Essays in Understanding 1930-1954, Jerome Kohn (ed.), Orlando: Harcourt Brace Jovanovich, 1994.
Reflections on Literature and Culture, Susannah Young-ah Gottlieb (ed.), Stanford: Stanford University Press, 2007.
『カール・マルクスと西欧政治思想の伝統』佐藤和夫編、大月書店、二〇〇二年
『アーレント＝ハイデガー往復書簡 1925−1975』ウルズラ・ルッツ編、大島かおり／木田元訳、みすず書房、二〇〇三年
『アーレント＝ヤスパース往復書簡 1926−1969』第一〜三巻、L・ケーラー／H・ザーナー編、大島かおり訳、みすず書房、二〇〇四年

【日本語文献】

石田雅樹『公共性への冒険――ハンナ・アーレントの《祝祭》の政治学』勁草書房、二〇〇九年
岩崎稔／高橋哲哉「『物語』の廃墟から」『現代思想』第二五巻第八号、一九九七年
川崎修「ハンナ・アレントの政治思想（三・完）――哲学・人間学・政治理論」『国家学会雑誌』九九号、一九八六年四月
川崎修『ハンナ・アレントの政治理論――アレント論集Ⅰ』岩波書店、二〇一〇年
川崎修『ハンナ・アレントと現代思想――アレント論集Ⅱ』岩波書店、二〇一三年
千葉眞『アーレントと現代――自由の政治とその展望』岩波書店、一九九六年
対馬美千子『ハンナ・アーレント――世界との和解のこころみ』法政大学出版局、二〇一六年
寺島俊穂『政治哲学の復権――アレントからロールズまで』ミネルヴァ書房、一九九八年
中野勝郎「『革命について』とアメリカ革命史研究」『アーレントの二〇世紀の経験』慶應義塾大学出版会、二〇一七年
仲正昌樹『ハンナ・アーレント『革命について』入門講義』作品社、二〇一六年
中山元『アーレント入門』ちくま新書、二〇一七年
牧野雅彦『アレント『革命について』を読む』法政大学出版局、二〇一八年
牧野雅彦「政治における虚偽と真実」『思想』一一四四号、二〇一九年、五九‐八五頁
松本礼二「アーレント革命論への疑問――フランス革命と『社会問題』の理解を中心に」『アーレントと二〇世紀の経験』慶應義塾大学出版会、二〇一七年
毛利透「アレント理論における法」『理想』六九〇号、二〇一三年、一〇五‐一一八頁
百木漠『アーレントのマルクス――労働と全体主義』人文書院、二〇一八年

百木漠「アーレント『政治における嘘』論から考える公文書問題」『現代思想』第四七巻第六号、二〇一八年、一九〇–一九八頁
森一郎『死と誕生――ハイデガー・九鬼周造・アーレント』東京大学出版会、二〇〇八年
森一郎『アーレントと革命の哲学――『革命論』を読む』みすず書房、二〇二二年
森川輝一『〈始まり〉のアーレント――「出生」の思想の誕生』岩波書店、二〇一〇年
森川輝一「川崎修『アレント論集』Ⅰ・Ⅱを読む」『名城法学』第六〇巻第三・四号合併号、二〇一一年、五二–七〇頁
和田昌也「ハンナ・アーレントの法概念――ノモス／レックスの二元論を超えて」『政治思想研究』第二〇号、二〇二〇年、二九八–三二八頁
和田隆之介「アレントの現象論的嘘論」『思想』一一四二号、二〇一九年、二六–四三頁
『アーレント読本』日本アーレント研究会編、法政大学出版局、二〇二〇年
アンドレ・ブロッホ『ヴェルギリウスの死』上・下、あいんしゅりっと、二〇二四年
A・ハミルトン／J・ジェイ／J・マディソン『ザ・フェデラリスト』斎藤眞／中野勝郎訳、岩波文庫、一九九九年

【外国語文献】

Ackerman, Bruce, *We the People vol. 1: Foundations*, The Belknap Press of Harvard University Press, 1991.（ブルース・アッカマン『アメリカ憲法理論史――その基底にあるもの』川岸令和／木下智史／阪口正二郎／谷澤正嗣監訳、北大路書房、二〇二〇年）
Adams, John, "Thoughts on Government" in *The Revolutionary Writings of John Adams*, C. Bradley Thompson (ed.),

Indianapolis: Liberty Fund, 2001.（Accessed 2021-08-18, ProQuest Ebook Central.）

Beiner, Ronald, “Action, Natality and Citizenship: Hannah Arendt’s Concept of Freedom” in *Concept of Liberty in Political Philosophy*, Zbigniew Pelczynski and John Gray (eds.), London: The Athlone Press, 1984.

Beiner, Ronald, “Hannah Arendt on Jugement” in *Lectures on Kant’s Political Philosophy*, Chicago: The University of Chicago Press, 1992.

Benhabib, Seyla, “Judgment and the moral foundations of politics in Arendt’s thought”, *Political Theory*, 16(1), 1988, pp. 29-51.

Breen, Keith, “Law beyond Command? An Evaluation of Arendt’s Understanding of Law”, in *Hannah Arendt and the Law*, Marco Goldoni and Christopher McCorkindale (eds.), Oxford: Hart Publishing, 2013.

Canovan, Margaret, *Hannah Arendt: A Reinterpretation of Her Political Thought*, Cambridge: Cambridge University Press, 1992.（マーガレット・カノヴァン『アレント政治思想の再解釈』寺島俊穂／伊藤洋典訳、未来社、二〇〇四年）

Carpenter, William S., *The Development of American Political Thought*, Princeton: Princeton University Press, 1930.

Dish, Lisa, “How could Hannah Arendt glorify the American Revolution and revile the French? Placing On Revolution in the historiography of the French and American Revolutions”, *European Journal of Political Theory*, 10(3), 2011, pp. 350–371.

Fink, Zera S., *The Classical Republicans: An Essay on the Recovery of a Pattern of Thought in Seventeenth-Century England*, Oregon : Resource Publications, 2011.［原著は 1943］

Gunnell, John G. *The Descent of Political Theory: The Genealogy of an American Vocation*, Chicago: University of Chicago Press, 1993.（J・G・ガネル『アメリカ政治理論の系譜』中谷義和訳、ミネルヴァ書房、二〇〇一年）

Hobsbawm, E. J. "On Revolution by Hanna Arendt", *History and Theory*, 4(2), 1965.

Honig, Bonnie, "Toward an agonistic feminism: Hannah Arendt and the politics of identity" in *Feminists Theorize the Political*, Judith Butler& Joan Wallach Scot(eds.), London: Routledge, 1992, pp. 215-35.

Jaume, Lucien, « *Échec au Libéralisme: Les Jacobins et l'État* », Paris: Kimé, 1990.（リュシアン・ジョーム『徳の共和国か、個人の自由か――ジャコバン派と国家　一七九三年－九四年』石埼学訳、勁草書房、一九九八年）

Jay, Martin, *Permanent Exiles: Essays on the Intellectual Migration from Germany to America*, New York: Columbia University Press, 1986.

Kateb, George, "Death and Politics: Hannah Arendt's Reflections on the American Constitution", *Social Research*, 54(3), 1987, pp. 605-616.

King, Richard H., *Arendt and America*, Chicago: The University of Chicago Press, 2015.

King, Richard H., "Hannah Arendt and the Concept of Revolution in the 1960s", *New Formations*, 2010(71), 2010, pp. 30-45.

Lederman, Shmuel, "Philosophy, Politics and Participatory Democracy in Hannah Arendt's Political Thought", *History of Political Thought*, 37(3), 2016, pp. 480-508.

Levet, Bérénice « *Le musée imaginaire d'Hannah Arendt* », Paris: Stock, 2011.

Muldoon, James, "The Origins of Hannah Arendt's Council System", *History of Political Thought*, 37(4), 2016, pp. 761-789.

Nisbet, Robert, "Hannah Arendt and the American Revolution", *Social Research*, 44(1), 1977, pp. 63-79.

Rancière, Jacques, « *La mésentente: politique et philosophie* », Paris: Galilée, 1995.（ジャック・ランシエール『不和あるいは了解なき了解――政治の哲学は可能か』松葉祥一他訳、インスクリプト、二〇〇五年）

Sayers, Sean, "Creative Activity and Alienation in Hegel and Marx" in *Historical Materialism*, 11(1), 2003, pp. 107-128.

Sayers, Sean, "The Concept of Labor: Marx and His Critics", *Science& Society*, 71(4), 2007, pp. 431-454.

Société des études robespierristes (ed.), *Oeuvres de Maximilien Robespierre Tome X: Discours* (*27 juillet 1793 - 27 juillet 1794*), Paris: Phénix éditions, 1967; reed., Paris: Phénix éditions, 2000.

Villa, Dana R., *Politics, Philosophy, Terror: Essays on the Thought of Hannah Arendt*, Princeton: Princeton University Press, c1999.（D・R・ヴィラ『政治・哲学・恐怖――ハンナ・アレントの思想』伊藤誓他訳、法政大学出版局、二〇〇四年）

Volk, Christian, "From Nomos to Lex: Hannah Arendt on Law, Politics, and Order" in *Leiden Journal of International Law*, 23, 2010, pp.759-779.

Volk, Christian, *Arendtian Constitutionalism: Law, Politics and the Order of Freedom*, Oxford: Hart Publishing, 2015.

Wilkinson, Michael A. "Between Freedom and Law: Hannah Arendt on the Promise of Modern Revolution and the Burden of 'The Tradition'" in *Hannah Arendt and the Law*, Marco Goldoni and Christopher McCorkindale(eds.), Oxford: Bloomsbury Publishing, 2013.

Young-Bruehl, Elisabeth, *Hannah Arendt: For Love of the World*, New Haven : Yale University Press, 1982.（エリザベス・ヤング＝ブルーエル『ハンナ・アーレント伝』荒川幾男他訳、晶文社、一九九九年）

あとがき

本書は、二〇二一年に慶應義塾大学大学院法学研究科に提出した博士論文「『政治的なもの』の持続と断絶――ハンナ・アーレント政治理論の『破綻』と革命論」に大幅な加筆を加え、出版するものである。

元になっている論文として、

「『革命』という持続と断絶――『始まり』の後のハンナ・アレント」『政治思想研究』第一七号、二〇一七年、三六〇-三九一頁。

「アーレント政治理論における複数性と安定性についての考察」『大東法学』第三三巻第一号、二〇二三年、一一五-一四三頁。

がある。

私が慶應義塾大学法学部政治学科に入学したのは二〇〇七年のことで、「現代思想」がイタリアでなお活気を帯びていた時期であった。当初は私も「現代思想」を中心に関心をもっていたが、次第にアーレントに興味が移り、それらの問いは二者択一ではなく表裏一体のものであるとしても、政治的なものを外部に開くことよりも政治的な領域の限界をどこに設定するかに関心が向かうようになった。

この関心の変化には、「シュミット・アーレント・アガンベンを読む」萩原能久ゼミに所属したことが大きく影響している。

指導教授であった萩原能久先生には心から感謝している。学部時代から大変お世話になったし、ご心配もおかけしたことと思う。このことを過去形で語らざるをえないこと、先生がご存命中に本書をお見せできなかったことは非常に残念なことである。間に合っていたとしても本書の出来栄えに満足していただけたかはわからないが、どのように批判されるだろうかという視座をもちながら今後も学究に励みたいと思う。

また、私が博士論文を提出した際には萩原先生がご退職されていたため、主査を務めてくださった堤林剣先生にも感謝申し上げる。堤林先生の大学院ゼミには修士課程から参加させていただいていた。堤林先生、そして大学院ゼミに出席されていた先輩である川上洋平氏、速水淑子氏、高橋義彦氏、古田拓也氏、梅澤佑介氏らより思想史的視座からの重要な批判を受けたことも大変貴重な経験であった。

さらに、他大学から副査を務めてくださった森川輝一先生、大学院時代の合同授業を通してご指導いただいた田上雅徳先生、大久保健晴先生にもこの場を借りて感謝申し上げる。

大学院時代には多くの同輩・後輩からもコメントをいただいた。名前を一人ひとり挙げるならば、長野晃氏、宗岡宏之氏、相川裕亮氏、林嵩文氏、長島皓平氏、板倉圭佑氏である。振り返るも貴重な環境に身を置いていたと感謝の気持ちでいっぱいになる。

二〇二二年より大東文化大学に着任し、その縁で吉田書店様をご紹介いただいた。本書が大東文化大学国際比較政治研究所の助成（二〇二四年度）を受け、叢書第一二巻として出版されることは光栄であり、研究会にて報告の機会をいただき多くの先生方にご助言をいただけたことも大変ありがたいことであった。

さらに、同書店の吉田真也氏には、出版に際しての作業について何も知識がない私に辛抱強く付き合っていただき、多くの点でお世話になっている。吉田氏のご協力なくしては出版に先立つ作業が無事に進められることはなかったであろう。感謝申し上げる。

最後に、生まれたときから私の人生を応援しつづけてくれている両親と、夫婦として生活を共にしている古田拓也に感謝を述べたい。両親が私の自由を尊重し、こころよく支援してくれなければ、私の学術生活は必要を超えて困難なものになっていたと思う。また、私が博士論文を書き上げることになったのはコロナ禍というイレギュラーな時期であった。私的領域に支えられていたこと、今なお支えられていることをあらためて感謝する次第である。

二〇二五年一月

寺井　彩菜

【ハ行】

【マ行】

【ラ行】

【ヤ行】

索　引

著者紹介
寺井 彩菜（てらい・あやな）
1988年生まれ。2022年、慶應義塾大学大学院法学研究科後期博士課程単位取得退学。博士（法学）。
現在、大東文化大学法学部政治学科助教。
主要論文に「『革命』という持続と断絶——『始まり』の後のハンナ・アレント」（『政治思想研究』第17号、2017年）、共訳書に、マイケル・ウォルツァー『聖徒の革命——急進的政治の起源』（監訳：萩原能久、風行社、2022年）などがある。

〈永続する政治体〉と革命
アーレント政治理論における持続と断絶
（大東文化大学国際比較政治研究所叢書 第12巻）

2025年3月28日 初版第1刷発行

著　者　寺井彩菜
発行者　吉田真也
発行所　合同会社 吉田書店
102-0072 東京都千代田区飯田橋 2-9-6 東西館ビル本館 32
TEL：03-6272-9172 FAX：03-6272-9173
http://www.yoshidapublishing.com/

装幀 野田和浩
DTP 閏月社
印刷・製本 藤原印刷株式会社
定価はカバーに表示してあります。

ISBN978-4-910590-26-4